TARIF

DES

DOUANES DU BRÉSIL.

CET OUVRAGE se trouve chez *RENARD*, à la Librairie du commerce, rue Sainte-Anne, n.° 71 :

PRIX, 3 francs.

On trouve à la même librairie les Tarifs ci-après :

Tarif des Douanes de la Grande-Bretagne, avec deux supplémens	2f	50c
——— des Pays-Bas, avec quatre supplémens	1.	
——— de Sardaigne	2.	50.
——— des Deux-Siciles, avec un supplément	1.	50.
——— du Dannemarck	1.	50.
——— de Russie	3.	50.
——— d'Haïti	2.	50.
——— des États-Unis, avec un supplément	1.	
——— de la Colombie	1.	50.
——— du Mexique	2.	

TARIF.

N.° I. — *Droits à perçevoir sur les Marchandises importées.*

Les droits d'entrée sont de 15 p.r % pour les importations sous pavillon brésilien, et de 24 p.r % pour celles effectuées sous pavillon des puissances étrangères autres que celles qui ont des traités avec le Brésil, telles que l'Angleterre, la France, la Prusse, les villes Anséatiques, &c., en faveur desquelles ils ont été réduits à 15 p.r %.

Ces droits se perçoivent d'après des évaluations officielles fixées pour chaque marchandise, ainsi qu'il suit :

MARCHANDISES.	UNITÉS.	ÉVALUATIONS.
		Reis.
Abreuvoirs en verre pour oiseaux — grands	La pièce	120.
Abreuvoirs en verre pour oiseaux — petits	*Idem*	30.
Absinthe	La livre	240.
Acanthe	*Idem*	240.
Ache	La mesure	320.
Acier — brut	Le quintal	7,200.
Acier — ouvré. (Voir *à leur lettre chacun des ouvrages en acier.*)		
Acides — arsénieux	La livre	160.
Acides — nitrique — *Acido nitrico* pur	*Idem*	1,200.
Acides — nitrique — *Agoa forte*	*Idem*	340.
Acides — nitrique — Résidus d')	*Idem*	600.
Acides — oxalique	*Idem*	1,200.
Acides — sulfurique	*Idem*	100.
Affinoirs	La pièce	600.
Agaric blanc	La livre	480.
Agrafes — grandes	La grosse	2,400.
Agrafes — petites — doubles	*Idem*	800.
Agrafes — petites — simples	*Idem*	400.
Agrès de navire. (V. *Câbles, cordages.*)		
Aigremoine	La livre	160.
Aiguilles — de chirurgie — pour enlever les cataractes	La pièce	600.
Aiguilles — de chirurgie — à sétons — courbes	*Idem*	100.
Aiguilles — de chirurgie — à sétons — autres	*Idem*	400.
Aiguilles — à coudre	1,000 en nomb.	600.
Aiguilles — à emballer	*Idem*	5,000.
Aiguilles — de matelassier	*Idem*	10,000.
Aiguilles — de navires. (V. *Boussoles*).		
Aiguilles — à tricoter, pour bas	L'assortiment	30.
Aiguilles — à voiles	1,000 en nomb.	3,200.
Aiguillettes — *Agulhetas*	La douzaine	1,200.
Aiguillettes — *Atacadores* — de fil	La grosse	240.
Aiguillettes — *Atacadores* — de soie moulinée	*Idem*	1,800.
Ail	La botte	20.

MARCHANDISES.	UNITÉS.	ÉVALUATIONS.
		Reis.
Aunée	La livre	320.
Aurone	Idem	400.
Avirons. (V. *Bois communs.*)		
Bagres	1,000 en nomb.	5,000.
Bagues. (V. *Anneaux.*)		
Baies : de genièvre	La livre	200.
Baies : *de hera*	Idem	200.
Baies : de laurier	Idem	120.
Baies : de myrte	Idem	160.
Baies : *de zimbo*	Idem	100.
Baignoires : de cuivre avec tuyau pour l'eau chaude	La pièce	20,000.
Baignoires : de fer blanc. (*Comme de cuivre.*)		
Baignoires : de pierre	Idem	50,000.
Balais : de crin : pour table	Idem	200.
Balais : de crin : autres, avec ou sans manche	Idem	600.
Balais : de jonc dits *vassouras*	La douzaine	360.
Balais : de paille fine de l'Inde ou façon de l'Inde	La pièce	3,000.
Balais : de plumes. (V. *Plumeaux.*)		
Balances : de fer, avec pied et accessoires autres que poids	Idem	40,000.
Balances : autres à plateaux : de fer blanc, avec fléau en fer jusqu'à 2 1/2 palmes	Idem	800.
Balances : autres à plateaux : de laiton : pour l'or, avec poids d'un marc	Idem	2,000.
Balances : autres à plateaux : de laiton : autres, avec fléau en fer jusqu'à 2 1/2 palmes	Idem	2,400.
Balances : autres à plateaux : autres de 1/2 ou 1/4 de livre : sans poids	Idem	800.
Balances : autres à plateaux : autres de 1/2 ou 1/4 de livre : avec poids	Idem	1,200.
Balances : (Fléaux de) : peints ou vernis : de 1 1/2 à 2 palmes	Idem	640.
Balances : (Fléaux de) : peints ou vernis : de 2 à 3 palmes	Idem	1,280.
Balances : (Fléaux de) : de fer poli : jusqu'à 2 palmes	Idem	1,280.
Balances : (Fléaux de) : de fer poli : jusqu'à 3 palmes	Idem	2,560.
Balances : (Fléaux de) : autres de 3 palmes et plus	La livre	240.
Balaustes	Idem	400.
Bandages : *Ataduras* en toile de lin	La douzaine	240.
Bandages : *Fundos* à ressorts	La pièce	1,600.
Bandoulières de cuir : blanc ou *garatcado*	Idem	360.
Bandoulières de cuir : autre	Idem	240.
Barattes de bois	Idem	2,400.
Bardane	La livre	480.
Baromètres	La pièce	10,000.
Bas : de coton : Chaussettes : communes	La douzaine	1,500.
Bas : de coton : Chaussettes : fines	Idem	3,000.
Bas : de coton : autres : pour enfans : communs	Idem	2,400.
Bas : de coton : autres : pour enfans : fins	Idem	3,600.
Bas : de coton : autres : pour femmes : communs	Idem	3,000.
Bas : de coton : autres : pour femmes : fins	Idem	5,400.
Bas : de coton : autres : pour hommes : communs	Idem	4,000.
Bas : de coton : autres : pour hommes : fins	Idem	6,000.
Bas : de laine : Chaussettes	Idem	3,000.
Bas : de laine : autres	Idem	5,500.

MARCHANDISES.	UNITÉS.	ÉVALUATIONS.
		Reis.
Bas. (*Suite*).. de lin....... Chaussettes.. communes	La douzaine..	2,400.
Bas. de lin. Chaussettes. fines	*Idem*	3,600.
Bas. de lin. autres...... pour enfans	*Idem*........	4,000.
Bas. de lin. autres. pour femmes. communs	*Idem*........	4,000.
Bas. de lin. autres. pour femmes. fins	*Idem*........	6,400.
Bas. de lin. autres. pour hommes. communs	*Idem*........	4,800.
Bas. de lin. autres. pour hommes. fins	*Idem*........	8,400.
Bas. de soie..... pure...... Chaussettes	*Idem*........	12,000.
Bas. de soie. pure. autres...... pour enfans	*Idem*........	12,000.
Bas. de soie. pure. autres. pour femmes. communs	*Idem*........	12,000.
Bas. de soie. pure. autres. pour femmes. fins	*Idem*........	20,000.
Bas. de soie. pure. autres. pour hommes. communs	*Idem*........	16,000.
Bas. de soie. pure. autres. pour hommes. fins.. *de peso*	*Idem*........	33,600.
Bas. de soie. pure. autres. pour hommes. fins. autres	*Idem*........	24,000.
Bas. de soie. mélangée de coton	*Idem*........	9,600.
Basane. (V. *Peaux de mouton.*)		
Basin. (V. *Tissus de coton.*)		
Batiste. (V. *Tissus de lin.*)		
Bâts	La pièce....	3,200.
Baudriers.. *Boldries*..... de chamois.. pour officiers	*Idem*........	1,600.
Baudriers. *Boldries*. de chamois. pour soldats	La douzaine..	2,400.
Baudriers. *Boldries*. de cuir, avec accessoires	La pièce.....	1,600.
Baudriers. *Boldries*. de maroquin, avec accessoires	*Idem*........	1,600.
Baudriers. *Boldries*. de soie brodée en or, en argent, ou avec autres garnitures	*Idem*........	3,200.
Baudriers. *Boldries*. (Garnitures de)	*Idem*........	1,200.
Baudriers. *Canannas* de maroquin, pour enfans, avec ou sans giberne	*Idem*........	800.
Baudriers. *Talabarte* de cuir.......... blanc	*Idem*........	1,200.
Baudriers. *Talabarte* de cuir. autre	*Idem*........	1,600.
Baumes..... *de arceo*	La livre......	960.
Baumes. catholique	*Idem*........	960.
Baumes. divin	*Idem*........	1,920.
Baumes. *de genoveva*	*Idem*........	960.
Baumes. du Pérou	*Idem*........	1,900.
Baumes. de Riga	La fiole......	200.
Baumes. de soufre	La livre......	800.
Baumes. sulfurique... anisé	*Idem*........	800.
Baumes. sulfurique. de térébenthine	*Idem*........	800.
Baumes. de Tolu	*Idem*........	720.
Bayonnettes	La pièce.....	400.
Bdellium	La livre......	640.
Bêches..... *Cavadeiras*	La pièce......	500.
Bêches. *Enxadas*	*Idem*........	360.
Becs (*Biqueiras*) de laiton ou autre métal	La douzaine..	240.
Bedanes en forme de rabots	*Idem*........	1,200.
Benedicte purgative	La livre......	960.
Benjoin..... commun	*Idem*........	320.
Benjoin. fin	*Idem*........	800.
Bétoine	*Idem*........	160.
Beurre	L'arrobe.....	4,800.
Beurre...... d'antimoine.. } (V. *ces mots.*)		
Beurre. de cacao... } (V. *ces mots.*)		

MARCHANDISES.			UNITÉS.	ÉVALUATIONS.
				Reis.
Beurrières de plaqué	communes		La pièce	2,400.
	fines		*Idem*	4,800.
Bézoard	*de curvo*		La livre	7,000.
	minéral		*Idem*	1,100.
Bidets en forme de chaises et autres			La pièce	2,000.
Bière	noire		La bouteille	640.
	autre	en bouteilles	Les 12 bout.	2,000.
		en barils, barriques, demi-barriques, pipes	La mesure	320.
Bijouterie de pierres fausses	Bracelets, Colliers	(V. *ces mots.*)		
	autre	commune	La pièce	2,000.
		fine	*Idem*	3,200.
Billards avec accessoires			*Idem*	120,000
Billes	d'ivoire	grosses, pour billard et autres jeux	*Idem*	2,400.
		petites, pour *carambolas*	*Idem*	600.
	autres en pierre, petites		1,000 en nomb.	2,000.
Bimbeloterie	de plomb en boîtes		La boîte	100.
	autre	en boîtes petites	*Idem*	1,200.
		en caisses contenant 50 douzaines de jouets	La caisse	12,000.
		Nota. Celles contenant plus ou moins seront évaluées proportionnellement.		
		autre (Arche de Noé)	La pièce	640.
	(Boîtes à)	jusqu'à 1 palme	*Idem*	80.
		de 1 à 1 1/2 palme	*Idem*	200.
Biscuits	*Bolacha* de mer	communs	L'arrobe	1,000.
		fins	*Idem*	3,200.
	Biscoito	communs	*Idem*	1,200.
		fins	*Idem*	3,200.
Bistouris	*Postemoes*		La douzaine	400.
	Vistoris		La pièce	400,
Bitume noir *de obo*			La livre	400.
Blanc de baleine	Bougies de		*Idem*	600.
	autre		*Idem*	300.
Blé (V. *Grains.*)				
Bobèches de plomb ou d'étain pour chandeliers			La douzaine	480.
Bois communs	Antennes		"	"
		Nota. Le conseiller juge de la douane ne leur a pas assigné de valeur, parce que cette valeur doit être fixée sur la largeur, la longueur, la qualité, qui ne peuvent être reconnues qu'au moment de la vérification.		
	Avirons	jusqu'à 10 palmes	*Idem*	6,000.
		de 10 à 20 palmes	*Idem*	12,000.
	Caisses de pin	en douves (*abatidas*)	La pièce	1,000.
		autres	*Idem*	800.
	Cercles	pour tamis	La douzaine	320.
		pour tonneaux (*pipa*)	100 en nombre.	1,000.
	Douves	pour barils (*barris*)	La pièce	50.
		pour pipes (*pipa*) doubles	*Idem*	240.
		pour pipes (*pipa*) simples	*Idem*	120.
	Essieux		*Idem*	300.
	Étais		*Idem*	240.
	Lattes de sapin		La douzaine	960.

MARCHANDISES.	UNITÉS.	ÉVALUATIONS.
		Réis.
Bois communs (*Suite.*) — Planches de pin — vieilles pour caisses. (V. *Caisses.*)		
— autres…… Épaisseur 1 pouce, largeur 1 1/4 palme — jusqu'à 20 palmes de longueur……	La douzaine…	4,000.
— de 20 à 25 *idem*……	*Idem*……	5,000.
— de 25 à 30 *idem*……	*Idem*……	6,000.
— Épaisseur 2 pouces, largeur 1 1/4 palme — jusqu'à 20 *idem*……	*Idem*……	6,000.
— de 20 à 25 *idem*……	*Idem*……	8,000.
— de 25 à 30 *idem*……	*Idem*……	12,000.
— Épaisseur 3 pouces, largeur 1 1/4 palme — jusqu'à 20 *idem*……	*Idem*……	9,000.
— de 20 à 25 *idem*……	*Idem*……	12,000.
— de 25 à 30 *idem*……	*Idem*……	16,000.
Nota. Au-dessus de 1 1/4 palme de largeur et de 30 palmes de long, les évaluations seront en proportion de la longueur, largeur et épaisseur.		
Bois communs — Tonneaux et barriques. (V. *Tonneaux.*)		
Bois autres que communs… de campêche……	L'arrobe……	1,200.
— de gaïac ou saint (*Râpures de*)……	*Idem*……	1,600.
— de Rhodes……	La livre……	2,400.
— de quassia… râpure de……	*Idem*……	200.
— de quassia… autres……	*Idem*……	120.
— de sandal… blanc et rouge……	*Idem*……	320.
— de sandal… jaune……	*Idem*……	600.
Boîtes…… *Bahuts* de carton avec couvercle de verre……	La pièce……	1,000.
Bocetas…… à chapeaux, de carton……	*Idem*……	320.
— avec fil de Guimarraens. (V. *Fil.*)		
— à insectes. (V. *Insectes.*)		
— à veilleuses. (V. *Veilleuses.*)		
— autres…… de bois verni, de macau……	*Idem*……	2,000.
— autres…… de cuir verni……	*Idem*……	400.
— autres…… de hêtre……	Assortim.t de 8.	800.
— autres…… de hêtre……	*Idem* de plus de 8	1,600.
— autres…… autres vernies, rondes, de 1 1/2 palmes……	La pièce……	1,200.
Bocetinhas…… avec étoiles de feu. (V. *Artifices.* — *Étoiles de feu.*)		
— à pastilles. (V. *Pastilles.*)		
— à pilules. (V. *Pilules.*)		
— avec poudre de savon. (V. *Savon en poudre.*)		
— autres de hêtre… grandes……	La douzaine…	240.
— autres de hêtre… petites……	*Idem*……	120.
Caixas…… à amorces pour toute espèce d'armes……	La pièce……	1,000.
— à chapeaux, de fer-blanc verni. — pour 2 chapeaux……	*Idem*……	1,920.
— à chapeaux, de fer-blanc verni. — pour 1 chapeau……	*Idem*……	1,280.
— à bijoux. (V. *Écrins.*)		
— à coudre (V. *Nécessaires de femmes.*)		
— à jeu *para voltarete.* — communes……	*Idem*……	4,800.
— à jeu *para voltarete.* — fines…… de 1.re qualité……	*Idem*……	24,000.
— à jeu *para voltarete.* — fines…… de 2.e qualité……	*Idem*……	10,000.
— à montres, en bois ou fer-blanc……	*Idem*……	2,000.
— à odeurs…… en carton… communes……	*Idem*……	1,600.
— à odeurs…… en carton… fines……	*Idem*……	2,400.
— à odeurs…… autres petites, ornées……	*Idem*……	4,000.
— à outils de charpentier. (V. *Coffres.* — *Caixas.*)		

MARCHANDISES.	UNITÉS.	ÉVALUATIONS.
		Reis.
Boîtes. (*Suite*) — *Caixas.* (Suite) — à pains à cacheter — de 1/2 palme	La pièce	120.
Boîtes. (*Suite*) — *Caixas.* (Suite) — à pains à cacheter — de 2 palmes en bois, carton et fer-blanc	*Idem*	320.
Boîtes. (*Suite*) — *Caixas.* (Suite) — à pendules, de bois ou fer-blanc	*Idem*	2,000.
Boîtes. (*Suite*) — *Caixas.* (Suite) — à perruques, en tôle vernie	*Idem*	6,400.
Boîtes. (*Suite*) — *Caixas.* (Suite) — à pistolets. (V. *Pistolets.*)		
Boîtes. (*Suite*) — *Caixas.* (Suite) — à savon, pour barbe. (V. *Savon.*)		
Boîtes. (*Suite*) — *Caixas.* (Suite) — à thé, de laque avec 4 flacons	*Idem*	20,000.
Boîtes. (*Suite*) — *Caixas.* (Suite) — autres — de bois, garni de maroquin — de 1/2 palme	*Idem*	1,200.
Boîtes. (*Suite*) — *Caixas.* (Suite) — autres — de bois, garni de maroquin — de 1 palme	*Idem*	2,400.
Boîtes. (*Suite*) — *Caixas.* (Suite) — autres — d'écaille	*Idem*	3,200.
Boîtes. (*Suite*) — *Caixas.* (Suite) — autres — de carton — doublées de soie	*Idem*	4,000.
Boîtes. (*Suite*) — *Caixas.* (Suite) — autres — de carton — à petits flacons	*Idem*	240.
Boîtes. (*Suite*) — *Caixas.* (Suite) — autres — de carton — à dessus de verre à sujets — de 1/2 palme	*Idem*	160.
Boîtes. (*Suite*) — *Caixas.* (Suite) — autres — de carton — à dessus de verre à sujets — de 1 palme	*Idem*	640.
Boîtes. (*Suite*) — *Caixas.* (Suite) — autres — de ferblanc, peintes ou unies jusqu'à 1 1/2 palme	*Idem*	800.
Boîtes. (*Suite*) — *Caixas.* (Suite) — autres — de laque — avec deux flacons	*Idem*	4,000.
Boîtes. (*Suite*) — *Caixas.* (Suite) — autres — de laque — autres vides	*Idem*	4,000.
Boîtes. (*Suite*) — *Caixas.* (Suite) — autres — de nacre de perle	*Idem*	3,200.
Boîtes. (*Suite*) — *Caixinhas* — à crayons. (V. *Crayons.*)		
Boîtes. (*Suite*) — *Caixinhas* — à coudre. (V. *Nécessaires de femme.*)		
Boîtes. (*Suite*) — *Caixinhas* — à couleurs. (V. *Couleurs.*)		
Boîtes. (*Suite*) — *Caixinhas* — à dés. (V. *Dés.*)		
Boîtes. (*Suite*) — *Caixinhas* — à épingles. (V. *Épingles.*)		
Boîtes. (*Suite*) — *Caixinhas* — à papier, en ferblanc — avec couvercle	*Idem*	400.
Boîtes. (*Suite*) — *Caixinhas* — à papier, en ferblanc — autres	La douzaine	1,440.
Boîtes. (*Suite*) — *Caixinhas* — à pâte pour aiguiser les rasoirs. (V. *Pâtes.*)		
Boîtes. (*Suite*) — *Caixinhas* — à poivre, en fer-blanc	La pièce	200.
Boîtes. (*Suite*) — *Caixinhas* — à poudre dentifrice. (V. *Poudre.*)		
Boîtes. (*Suite*) — *Caixinhas* — à sel (*Comme à Poivre*).		
Boîtes. (*Suite*) — *Caixinhas* — à thé, en ferblanc verni	La douzaine	2,400.
Boîtes. (*Suite*) — *Caixinhas* — autres — de carton avec dessus de verre de 1 palme	La pièce	400.
Boîtes. (*Suite*) — *Caixinhas* — autres — de plaqué — avec crayons et canifs	*Idem*	800.
Boîtes. (*Suite*) — *Caixinhas* — autres — de plaqué — avec crayons, canifs et cure-dents	*Idem*	1,600.
Boîtes. (*Suite*) — *Caixinhas* — autres — de filigrane	*Idem*	24,000.
Boîtes. (*Suite*) — *Caixinhas* — autres — de verre, imitant le marbre	*Idem*	800.
Boîtes. (*Suite*) — *Caixinhas* — autres — doublées de soie en forme de livre jusqu'à 2 palmes	*Idem*	2,400.
Boîtes. (*Suite*) — *Canudos à cigarres ou charuteiros* — de carton	La douzaine	3,600.
Boîtes. (*Suite*) — *Canudos à cigarres ou charuteiros* — d'écaille ou de nacre	La pièce	3,200.
Boîtes. (*Suite*) — *Canudos à cigarres ou charuteiros* — de paille	*Idem*	300.
Boîtes. (*Suite*) — *Canudos à cigarres ou charuteiros* — autres communs	*Idem*	80.
Boîtes. (*Suite*) — *Estojos* à couverts. (Voy. *Couverts, Boîtes* à)		
Boîtes. (*Suite*) — *Paliteiros.* (Voy. *Cure-dents, Boîtes* à)		
Bol — d'Arménie	L'arrobe	1,200.
Bol — à dorer	*Idem*	2,400.
Bois en plaqué	La pièce	6,000.
Bondes	*Idem*	20.

MARCHANDISES.				UNITÉS.	ÉVALUATIONS.
					Reis.
Bonnets	*Barretes*	de coton	de peluche	La pièce	180.
			mélangé	La douzaine	1,600.
		de laine	de peluche — doubles	*Idem*	3,400.
			de peluche — simples	*Idem*	2,200.
			mélangée, simples	*Idem*	1,600.
		de *pello* avec visières de cuir		La pièce	2,000.
		de soie	doubles	La douzaine	7,200.
			simples, pour prêtres	*Idem*	4,800.
	Barretinas	de castor	pour femmes	La pièce	3,000.
			pour officiers	*Idem*	4,000.
		de cuir	pour enfans	*Idem*	400.
			pour hommes	*Idem*	800.
		de peau, avec visière de cuir		*Idem*	2,000.
		de toile cirée (*Comme de cuir*).			
		autres	communs, pour soldats	*Idem*	640.
			fins, pour officiers, avec accessoires	*Idem*	16,000.
			autres ornés, pour femmes. (Voy. *Chapeaux ornés*.)		
		(Fonds de) en cuir verni		*Idem*	1,200.
		(Visières de)		*Idem*	160.
	Bones de toile cirée			*Idem*	800.
	Bonets	de coton		*Idem*	800.
		de laine		*Idem*	800.
		de peau	commune	*Idem*	800.
			fine, garnie d'or ou d'argent, ornée	*Idem*	6,000.
		de soie		*Idem*	2,000.
		de velours		*Idem*	3,000.
	Toucados	de toute sorte pour femmes		*Idem*	6,000.
		Nota. Pour ceux ornés de plumes, il faut ajouter à l'évaluation du bonnet celle des plumes suivant leur qualité.			
		(Fonds de)	de mousseline brodée	*Idem*	2,000.
			de paille fine	*Idem*	1,600.
			de peluche de soie avec perles fausses ou d'acier	*Idem*	3,200.
			de satin brodé	*Idem*	4,800.
			de tulle	*Idem*	3,200.
	Toucas	de batiste brodée		*Idem*	6,400.
		de cheveux, ornés		*Idem*	2,400.
		de dentelle de fil		*Idem*	9,600.
		de percale, ou mousseline brodée		*Idem*	3,600.
		de soie torse		*Idem*	2,400.
		de tulle brodé	de lin	*Idem*	2,400.
			de soie	*Idem*	4,800.
		Nota. Ceux pour enfans sont évalués, suivant l'espèce, moitié des évaluations ci-dessus.			
		(Fonds de) en mousseline brodée		*Idem*	2,400.
Bordures de Laine. (Voy. *Tissus de laine. — autres en bordures*).					
Bottes	Demi-bottes	pour enfans		La paire	800.
		autres		*Idem*	4,000.
	autres	à revers		*Idem*	8,000.
		sans revers		*Idem*	6,000.
	(Quartiers de.)			*Idem*	640.
	(Revers de)	vernis		*Idem*	1,600.
		autres		*Idem*	1,200.
	(Tiges de.)			*Idem*	2,000.

MARCHANDISES.	UNITÉS.	ÉVALUATIONS.
		Reis.
Boucles d'oreilles, *Argolas*, de métal	Les 12 paires..	960.
Boucles d'oreilles, *Argolas*, de pierres fausses	La paire.....	160.
Boucles d'oreilles, *Brincos*, d'*Almendrilha*	La grosse.....	800.
Boucles d'oreilles, *Brincos*, d'étain	La douzaine...	600.
Boucles d'oreilles, *Brincos*, de métal	*Idem*	2,000.
Boucles d'oreilles, *Brincos*, de nacre de perle	La paire.....	240.
Boucles d'oreilles, *Brincos*, de pierres fausses	*Idem*	240.
Boucles d'oreilles, *Brincos*, de plomb	La grosse.....	1,200.
Boucles d'oreilles, *Brincos*, de verre	La douzaine...	600.
Boucles autres, de baudriers d'acier ou de métal	*Idem*	1,200.
Boucles autres, de bretelles, *Suspensorios*	Les 12 paires..	240.
Boucles autres, de bretelles, *Tirante*	La douzaine...	3,500.
Boucles autres, de brides, de fer étamé	100 en nomb..	1,000.
Boucles autres, de brides, de laiton	*Idem*	1,000.
Boucles autres, de ceintures, d'acier, poli	La douzaine...	4,000.
Boucles autres, de ceintures, d'acier, autre	*Idem*	1,200.
Boucles autres, de ceintures, de métal	*Idem*	1,200.
Boucles autres, de ceintures, dorées ou plaquées	*Idem*	4,000.
Boucles autres, de chapeaux	*Idem*	1,200.
Boucles autres, de cravates, en acier ou métal	*Idem*	1,200.
Boucles autres, de croupières, de fer étamé	100 en nomb..	1,000.
Boucles autres, de croupières, de laiton	*Idem*	1,000.
Boucles autres, de croupières, dorées ou plaquées	La douzaine...	960.
Boucles autres, de culottes, d'acier, d'étain, de fer	*Idem*	600.
Boucles autres, de culottes, de pierres fausses	Les 12 paires..	12,000.
Boucles autres, de culottes, dorées ou plaquées	La douzaine...	3,000.
Boucles autres, d'étrivières. (*Comme de croupières.*)		
Boucles autres, de *Mangotes* de 1/2 à 1 3/4 pouce	La douzaine...	2,750.
Boucles autres, de poitrail, plaquées	*Idem*	4,500.
Boucles autres, de *Rayos* de 7/8 à 1 3/4 pouce	*Idem*	1,260.
Boucles autres, de sangles, dorées ou plaquées. (*Comme de croupières.*)		
Boucles autres, de souliers, garnies de pierres fausses	Les 12 paires..	28,800.
Boucles autres, de souliers, à ressorts	*Idem*	10,000.
Boucles autres, de souliers, autres de métal	La douzaine...	1,600.
Boucles autres, de têtières de 7/8	*Idem*	480.
Boucles autres, de traits plaqués, à 4 chevaux	*Idem*	9,000.
Boucles autres, de traits plaqués, autres	*Idem*	2,750.
Bouées d'écorce d'arbres	La pièce.....	2,000.
Bouilloires en ferblanc, *Aquentadores*	*Idem*	600.
Bouilloires en ferblanc, *Caixas* pour œufs	*Idem*	2,000.
Bouillon blanc	La livre......	120.
Boules de terre pour arbalètes	1,000 en nomb.	1,000.
Bourrache	La livre......	120.
Bourses, pour *Chareis*	La paire......	2,400.
Bourses, à cheveux	*Idem*	800.
Bourses, de poche pour argent, de cuir	La douzaine...	2,000.
Bourses, de poche pour argent, de filigrane blanc et jaune	La pièce.....	1,600.
Bourses, de poche pour argent, de métal	*Idem*	600.
Bourses, de poche pour argent, de missangue	*Idem*	800.
Bourses, de poche pour argent, de perles de verre	*Idem*	800.
Bourses, de poche pour argent, de soie torse et autre	*Idem*	400.
Bourses, de poche pour argent, de verroterie	*Idem*	800.

MARCHANDISES.	UNITÉS.	ÉVALUATIONS.
		Reis.
Bourse à pasteur	La livre	160.
Boussoles — communes	La pièce	2,400.
Boussoles — fines	*Idem*	8,000.
Bouteilles — de fer-blanc verni	*Idem*	400.
Bouteilles — de verre. (Voy. *Verre.*)		
Boutoirs de maréchal	La pièce	400.
Bouvet. (Fer de)	La douzaine	600.
Boutons — d'acier — grands	La grosse	640.
Boutons — d'acier — petits	*Idem*	200.
Boutons — de corne. (*Comme d'acier.*)		
Boutons — de coton pour chemises	*Idem*	120.
Boutons — de crin pour barrettes ou simarres	*Idem*	260.
Boutons — de cuir verni	*Idem*	600.
Boutons — d'étain. (*Comme d'acier.*)		
Boutons — de fil d'argent ou d'or	La douzaine	2,000.
Boutons — de filigrane	La grosse	1,200.
Boutons — de galons d'argent ou d'or — faux	La douzaine	400.
Boutons — de galons d'argent ou d'or — fins	*Idem*	1,600.
Boutons — de laine — pour chemises	La grosse	120.
Boutons — de laine — autres — grands	*Idem*	1,800.
Boutons — de laine — autres — petits	*Idem*	900.
Boutons — de métal, non-dénommés — communs — d'uniformes de soldats	*Idem*	1,000.
Boutons — de métal, non-dénommés — communs — autres pour vestes	*Idem*	400.
Boutons — de métal, non-dénommés — fins façonnés — pour gilets	*Idem*	1,200.
Boutons — de métal, non-dénommés — fins façonnés — pour habits civils	*Idem*	2,400.
Boutons — de métal, non-dénommés — fins façonnés — pour petites vestes	*Idem*	2,400.
Boutons — de métal, non-dénommés — fins façonnés — pour uniformes d'officiers	*Idem*	4,800.
Boutons — de nacre — avec pierres — Garniture de 1 1/2 douzaine	La pièce	3,200.
Boutons — de nacre — avec pierres — autres	La grosse	2,800.
Boutons — de nacre — autres — Garniture de 1 1/2 douzaine	La pièce	1,000.
Boutons — de nacre — autres — petits	La grosse	1,600.
Boutons — plaqués — pour habits	*Idem*	1,800.
Boutons — plaqués — pour portières de voitures / pour rideaux *idem*	La douzaine	1,450.
Boutons — plaqués — pour vestes	La grosse	600.
Boutons — de soie moulinée — pour vestes	*Idem*	1,200.
Boutons — de soie moulinée — autres	*Idem*	260.
Boutons — de verre — noirs taillés pour barrettes	La douzaine	200.
Boutons — de verre — autres	La grosse	1,600.
Boutons — autres à vis pour mentonnière	La douzaine	300.
Bracelets — *Braceletes* de pierres fausses	La paire	600.
Bracelets — *Pulseiras* — de cheveux	*Idem*	960.
Bracelets — *Pulseiras* — de filigrane, avec fermoirs ou pierres fausses	*Idem*	8,000.
Bracelets — *Pulseiras* — de missangue. / de soie. (*Comme de cheveux.*)		
Bracelets — (Fermoirs de) en métal	La paire	160.
Brandebourgs — de fil (Paires de) assortis	La douzaine	960.
Brandebourgs — de soie torse — avec fil d'argent ou d'or	La paire	1,000.
Brandebourgs — de soie torse — avec franges	*Idem*	240.
Brai	Le quintal	2,000.
Breloques. (Voy. *Amulettes.*)		

MARCHANDISES.				UNITÉS.	ÉVALUATIONS.
					Reis.
Bretelles	de coton	de nankin, d'indienne, ou autre tissu façon indienne		La douzaine	2,000.
		autres		*Idem*	1,500.
	de cuir	doublées		*Idem*	9,600.
		à ressorts		*Idem*	4,800.
		autres		*Idem*	2,000.
	de soie	mélangée de coton ou de fil		*Idem*	4,200.
		pure		*Idem*	19,200.
	de velours			*Idem*	19,200.
Breve de marca				La pièce	60.
Brides	*Bridoes* avec *cabeçadas*			*Idem*	2,000.
	Cabeçadas e redeas	ornées		*Idem*	6,000.
		vernies		*Idem*	4,000.
		autres		*Idem*	3,200.
	Cabeçoes (*Tornos* de)			*Idem*	50.
	Boucles de). (V. *Boucles*.)				
	Ornemens plaqués de	*Enfeites*	Jusqu'à 2 pouces	La douzaine	1,400.
			De plus de 2 *idem*	*Idem*	5,000.
		Passador		La pièce	300.
Briques	à construire, jusqu'à 10 pouces			1,000 en nomb.	10,000.
	à nettoyer les couteaux			La pièce	120.
Briquets	*Caixas* phosphoriques	avec lanternes		*Idem*	480.
		autres		*Idem*	40.
	Fusis			La douzaine	200.
Broches de fer				La pièce	320.
Brodequins	pour enfans			La paire	800.
	pour femmes			*Idem*	2,000.
	pour hommes, en petit cuir, communs			*Idem*	960.
Broderies	Ancres pour uniformes, en or ou argent			*Idem*	2,400.
	Boutonnières *idem*			*Idem*	1,280.
	Cors *idem*			*Idem*	2,000.
	autres pour officiers d'état-major			La pièce	20,000.
Bronze ouvré				La livre	300.
Brosses	à boucles			La douzaine	480.
	à dents	communes		*Idem*	360.
		fines		*Idem*	1,200.
	à cheveux	de sparterie, avec ou sans manche		*Idem*	1,200.
		autres	avec miroirs ou pinceaux pour barbe	La pièce	200.
			autres	*Idem*	160.
	à étriller les animaux			La douzaine	1,200.
	à frictions			*Idem*	960.
	à frotter, avec ou sans manche			La pièce	600.
	à laver les appartemens, avec ou sans manche			*Idem*	400.
	à habits			La douzaine	2,400.
	à ongles			*Idem*	480.
	à polir			La pièce	240.
	à souliers			La douzaine	960.
	autres, dites *buxellas* de fil d'acier ou de fer			La pièce	320.
Brouettes à une roue				*Idem*	2,000.

MARCHANDISES.				UNITÉS.	ÉVALUATIONS.
					Reis.
Buffets de bois	de *jacaranda* et de *mogno* garnis de bronze	de 6 à 10 palmes de haut		La pièce	60,000.
		de 10 à 14 *idem*		*Idem*	120,000.
		de 14 palmes et plus *idem*		*Idem*	300,000.
	autres, de 6 à 8 palmes de haut			*Idem*	30,000.
Bureaux	à écrire, à pieds, en bois	commun		*Idem*	20,000.
		autre que commun		*Idem*	80,000.
	à papiers, en tôle vernie	de 4 palmes		*Idem*	50,000.
		de plus de 4 palmes		*Idem*	100,000.
Burins				La douzaine	400.
Buscs	en acier et en fer			La pièce	400.
	en baleine			*Idem*	200.
Câbles	de chanvre	neufs	anglais	Le quintal	11,000.
			autres	*Idem*	10,000.
		vieux		*Idem*	3,200.
	de cairo			*Idem*	9,000.
	de fer, avec accessoires			*Idem*	12,000.
	de piassava	de plus de 10 pouces		Le pouce	960.
		de moins de 10 pouces		*Idem*	480.
Cacao	du Brésil			L'arrobe	1,600.
	de Caraccas			*Idem*	4,000.
	de Guayaquil			*Idem*	2,400.
	Beurre de. (V. *Huiles.*)				
Cachets pour montres	communs en métal			La douzaine	6,000.
	en similor			La pièce	3,200.
Cachou				La livre	240.
Cachundé				L'once	240.
Cadenas	grands, de toute qualité			La douzaine	1,600.
	petits, blancs et jaunes			*Idem*	600.
Cadrans solaires de pierre				La pièce	1,600.
Cadres	de plâtre, petits			*Idem*	80.
	autres	ronds, petits, avec moulures en métal		*Idem*	600.
		autres, avec moulures en métal doré	de 4 à 10 pouces	*Idem*	400.
			de 10 à 20 *idem*	*Idem*	800.
Cafetières	de fer	battu. (V. *Fer battu.*)			
		autres		*Idem*	200.
	en fer-blanc	vernies		*Idem*	1,200.
		autres	*para coar* le café	*Idem*	1,000.
			autres	*Idem*	600.
			Nota. Voir en outre l'article *Fer battu.*		
	de plaqué	communes		*Idem*	4,000.
		fines		*Idem*	9,000.
Cages pour oiseaux	de *mogno* et autres bois fins			*Idem*	3,200.
	autres			*Idem*	2,000.
Cairo brut				Le quintal	4,000.
Calamite de montagne				La livre	140.
Calamus aromaticus				*Idem*	320.
Calebasses				La pièce	120.
Caleçons	de flanelle			*Idem*	1,200.
	de tricot de coton ou laine			*Idem*	1,200.

MARCHANDISES.	UNITÉS.	ÉVALUATIONS.
		Reis.
Calomelas — brut	La livre	1,200.
Calomelas — préparé	*Idem*	2,400.
Calottes	La douzaine	9,600.
Calumbé	La livre	240.
Camisoles pour femmes — *Mandrioes* de batiste brodée	La pièce	15,000.
Camisoles pour femmes — *Meios corpinhos* de velours	*Idem*	3,200.
Camomille	La livre	200.
Camphre	*Idem*	1,000.
Canapés — vernissés — imitant la laque	La pièce	51,200.
Canapés — vernissés — autres. (Ils sont évalués comme 4 chaises analogues, sans bras.)		
Canapés — autres — dits ottomanes ou marquises — garnis de *palinha*	*Idem*	20,000.
Canapés — autres — dits ottomanes ou marquises — Bois de)	*Idem*	4,000.
Canapés — autres — autres. (Ils sont évalués comme 4 chaises de même qualité, sans bras.)		
Canapés — Bois de) — façonnés	*Idem*	24,000.
Canapés — Bois de) — autres	*Idem*	4,000.
Candélabres — de laiton	La paire	1,300.
Candélabres — de *metal* avec *mangas* de verre — doubles — jusqu'à 10 pouces	La pièce	3,600.
Candélabres — de *metal* avec *mangas* de verre — doubles — de 10 à 14 *idem*	*Idem*	3,600.
Candélabres — de *metal* avec *mangas* de verre — simples — jusqu'à 10 *idem*	*Idem*	1,500.
Candélabres — de *metal* avec *mangas* de verre — simples — de 10 à 14 *idem*	*Idem*	1,800.
Candélabres — de plaqué — avec *mangas* idem — doubles — jusqu'à 10 *idem*	*Idem*	5,000.
Candélabres — de plaqué — avec *mangas* idem — doubles — de 10 à 14 *idem*	*Idem*	6,400.
Candélabres — de plaqué — avec *mangas* idem — simples — jusqu'à 10 *idem*	*Idem*	2,500.
Candélabres — de plaqué — avec *mangas* idem — simples — de 10 à 14 *idem*	*Idem*	3,200.
Candélabres — de plaqué — autres — communs	La paire	2,400.
Candélabres — de plaqué — autres — fins	*Idem*	9,600.
Nota. Pour ceux avec plateaux de verre et pendeloques. — Droit additionnel.	La valeur	25 p. o/o.
Canettes — de fer-blanc — vernies	La pièce	240.
Canettes — de fer-blanc — autres	*Idem*	100.
Canettes — de laiton. (V. *Cruches.*)		
Canezous ou *Corpinhos* — de batiste brodée	*Idem*	6,400.
Canezous ou *Corpinhos* — de gaze	*Idem*	3,200.
Canezous ou *Corpinhos* — de mousseline — d'Écosse	*Idem*	2,400.
Canezous ou *Corpinhos* — de mousseline — autre, brodée	*Idem*	4,000.
Canezous ou *Corpinhos* — de satin	*Idem*	4,000.
Canezous ou *Corpinhos* — de soie	*Idem*	4,000.
Canezous ou *Corpinhos* — de tulle — de coton	*Idem*	2,000.
Canezous ou *Corpinhos* — de tulle — de soie	*Idem*	4,800.
Canezous ou *Corpinhos* — de velours	*Idem*	8,000.
Canifs — fins	La douzaine	4,800.
Canifs — autres de toute qualité et grandeur	*Idem*	1,200.
Canifs — avec boîte en plaqué, avec étui de carton. (V. *Boîtes. — Caixinhas de plaqué et Étuis.*)		
Canifs — Lames de [illegible], communes	*Idem*	960.
Cannelle — de Ceylan	La livre	800.
Cannelle — autre, commune	*Idem*	320.

MARCHANDISES.	UNITÉS.	ÉVALUATIONS.
		Reis.
Cannes — à chaise, écritoire, flûte, longue-vue, parapluie	La pièce	3,200.
Cannes — à épée	*Idem*	1,600.
Cannes — pour pêche	*Idem*	4,000.
Cannes — autres — d'Abada	*Idem*	2,400.
Cannes — autres — de bambou	La douzaine	2,400.
Cannes — autres — de bois de toute sorte	*Idem*	2,400.
Cannes — autres — d'ivoire	La pièce	4,800.
Cannes — autres — de jonc de l'Inde, brutes	*Idem*	800.
Cannetilles fausses — Bandeaux et ceintures de	*Idem*	800.
Cannetilles fausses — Diadèmes de	*Idem*	1,000.
Cannetilles fausses — autres en boîtes	La boîte	800.
Canons — de fusil, de pistolet (*Voir* ces mots.)		
Cantines à liqueur — avec 12 flacons de cristal, grands et petits, et avec verres	La pièce	3,200.
Cantines à liqueur — avec flacons et verres taillés	*Idem*	7,200.
Cantharides — de Macao	La livre	1,200.
Cantharides — autres	*Idem*	2,000.
Capillaire	*Idem*	100.
Capotes — *Capotes* — de camelot — pour enfans, uni ou à carreaux écossais	La pièce	4,000.
Capotes — *Capotes* — de camelot — pour femmes ou hommes	*Idem*	7,200.
Capotes — *Capotes* — de drap — commun	*Idem*	4,000.
Capotes — *Capotes* — de drap — fin	*Idem*	15,000.
Capotes — *Capotes* — de ratine (*Comme de camelot*).		
Capotes — *Capotes* — de toile cirée	*Idem*	12,000.
À la page 38 de la pauta brésilienne, les capotes de toile cirée sont évaluées 19,000 au lieu de 12,000 reis portés à la page 35 que nous avons présentés ici.		
Capotes — *Croças* de paille	*Idem*	800.
Caraxas ou placard. (V. *Crachats.*)		
Cardamome	La livre	900.
Cardes — à carder la laine	La paire	800.
Cardes — pour perruquiers	La pièce	600.
Carmin	L'once	2,200.
Carreaux — *Azuleio* — de Hollande — communs	100 en nombre	1,500.
Carreaux — *Azuleio* — de Hollande — fins	*Idem*	3,000.
Carreaux — *Azuleio* — de l'Inde, en pierre	La pièce	500.
Carreaux — *Tijolo de ladrilho* — jusqu'à 6 pouces de large	100 en nombre	20,000.
Carreaux — *Tijolo de ladrilho* — de 6 à 10 *idem*	*Idem*	40,000.
Carreaux — *Tijolo de ladrilho* — de plus de 10 *idem*	*Idem*	50,000.
Carreaux — *Tijolo de ladrilho* — autres — communs	*Idem*	10,000.
Carreaux — *Tijolo de ladrilho* — autres — de pierre polie jusqu'à 12 pouces	La pièce	160.
Cartes — *Atlas* géographiques — in-folio	L'atlas	32,000.
Cartes — *Atlas* géographiques — in quarto	*Idem*	10,000.
Cartes — *Billetes* de visite	100 en nombre	1,000.
Cartes — *Cartas* à jouer en paquets de 12 jeux	Le paquet	2,400.
Cartons — brut jusqu'à 3 1/2 palmes	La feuille	80.
Cartons — ouvré — en boîtes. (V. *Boîtes.*)		
Cartons — ouvré — en coffres, avec couvertures de velours	La pièce	1,000.
Cartons — ouvré — en figures dans des boîtes de verre. (V. *Figures.*)		
Cascarille	La livre	600.
Casquettes. (V. *Bonnets-barretina.*)		

MARCHANDISES.				UNITÉS.	ÉVALUATIONS.
					Reis.
Casse noix	de fer			La douzaine	2,400.
	de plaqué			*Idem*	4,800.
Casseroles	de fer	battu		La livre	200.
		fondu		*Idem*	160.
		autre. (V. *Fer étamé, battu, &c.*)			
	de fer blanc anglaises	renforcées	grandes	La pièce	1,200.
			petites	*Idem*	600.
		autres	grandes	*Idem*	600.
			petites	*Idem*	300.
	de plaqué			L'assort.t de 6.	32,000.
Cassia	amère			La livre	200.
	fistula			*Idem*	400.
Cassolettes	de cuivre blanc de l'Inde			La pièce	3,000.
	de laiton	grandes		*Idem*	1,000.
		petites		*Idem*	600.
Castagnettes de bois				La paire	1,000.
Castoreum				La livre	8,000.
Cavessons	plaqués			La pièce	2,880.
	autres			*Idem*	240.
Ceintures	pour militaires	de laine		La vare	1,600.
		autres, avec ornemens d'argent ou d'or		La pièce	5,000.
	autres	de coton		La vare	240.
		de cuir, doublées de soie pour femmes		La pièce	2,000.
		de laine		*Idem*	240.
		de soie	*Chinas*	*Idem*	900.
			Sintas	*Idem*	960.
Cendres bleues et vertes				La livre	480.
Centaurée				*Idem*	160.
Cercles	de bois. (V. *Bois.*)				
	de Cuke de métal, pour voitures	pour portières		La paire	2,000.
		autres		*Idem*	3,200.
	de fer. (V. *Fer.*)				
Céruse	commune			L'arrobe	2,000.
	de Venise			*Idem*	4,000.
Cervelas	*Chouriços*			La douzaine	1,200.
	Paios			*Idem*	2,000.
Cétérac				La livre	160.
Cévadille				*Idem*	400.
Chabraques	de laine	de casimir, drap		La pièce	2,000.
		autres		*Idem*	800.
	de peau d'ours			*Idem*	12,800.
Chaînes	d'arpentage en fer			Le quintal	18,000.
	pour montres	d'acier		La pièce	1,600.
		de cheveux, sans clé et cachet		La douzaine	9,600.
		en cuivre doré		La pièce	8,000.
		de missangue		*Idem*	800.
	autres	en fer	étamé	Le quintal	16,000.
			autre	*Idem*	12,000.
		autres	communes	La pièce	260.
			dorées	*Idem*	2,000.

MARCHANDISES.	UNITÉS.	ÉVALUATIONS.
		Reis.
Chaises — de bambou de la Chine — en forme de lit	La pièce	20,000.
autres	*Idem*	6,000.
de bois — commun, à siége de bois, avec ou sans bras	*Idem*	1,500.
autre que commun, à siége de crin, laine, rotin; façonnées, incrustées, unies.	*Idem*	5,000.
de laque — *de charão*, avec ou sans bras, à siége de rotin ou de soie	*Idem*	16,000.
acharoadas avec ou sans bras	*Idem*	12,800.
autres — dans une canne. (V. *Cannes*).		
pour enfans	La pièce	4,000.
autres avec siége — de cuir, pour la campagne	*Idem*	1,500.
de drap imprimé	*Idem*	12,000.
de jonc commun, avec ou sans bras	*Idem*	1,500.
de rotin, peintes	*Idem*	2,000.
de soie	*Idem*	12,000.
Note. Les chaises à bras de toute qualité non dénommées, sont évaluées 50 p. 0/0 en sus des évaluations fixées pour celles dénommées.		
Coussins de — en crin	La pièce	1,600.
en soie	*Idem*	3,200.
en toile de coton	*Idem*	1,600.
Dossiers de	La douzaine	4,800.
Garnitures de — en cuir	La pièce	1,200.
en toiles de coton ou de lin	*Idem*	800.
Siéges de, en rotin	*Idem*	1,200.
Chaises à porteurs, avec ou sans rideaux. (V. *Voitures*.)		
Chaises percées en étain	La pièce	1,500.
Chalumeaux — *Bocaes* pour orfévres	*Idem*	600.
Gaitas — pour enfans	La douzaine	320.
autres d'ébène	La pièce	800.
Massaricos, pour orfévres, en laiton	La douzaine	960.
Chambres obscures et optiques — grandes	La pièce	16,000.
petites	*Idem*	6,000.
Champignons	L'arrobe	1,600.
Chandeliers — à main ou bougeoirs — de fer	La paire	320.
de fer-blanc verni, avec mouchettes et éteignoirs	*Idem*	240.
de laiton	*Idem*	480
de plaqué avec mouchettes et éteignoirs — à manche	*Idem*	3,600.
autres	*Idem*	3,000
autres — de bois de une palme	*Idem*	600.
de bronze — grands	La pièce	2,400.
petits	*Idem*	1,500.
de cuivre — blanc de l'Inde — grands pour consoles	La paire	12,000.
petits	*Idem*	4,000.
doré (*Comme de bronze*).		
d'étain	La paire	200.
de laiton	*Idem*	800.
de metal — avec pendeloques de verre — simples — de 8 pouces	*Idem*	9,000.
de 12 *idem*	*Idem*	12,000.
de 16 *idem*	*Idem*	16,000.
à 2 branches	25 p.r 0/0 en sus.	
à 3 branches	40 p.r 0/0 en sus.	
autres non dénommés	La pièce	1,000.

MARCHANDISES.	UNITÉS.	ÉVALUATIONS.
		Reis.
Chandeliers. — autres (*Suite*). — de plaqué — communs	La paire	800.
Chandeliers. — autres — de plaqué — mi-fins	*Idem*	3,000.
Chandeliers. — autres — de plaqué — fins — à 2 branches	*Idem*	16,000.
Chandeliers. — autres — de plaqué — fins — à 3 *idem*	*Idem*	28,000.
Chandeliers. — autres — de plaqué — fins — à 4 *idem*	*Idem*	40,000.
Chandeliers. — autres — de plaqué — fins — autres	*Idem*	8,000.
Chandeliers. — autres — de plomb pour chapelles d'enfans — grands	La douzaine	120.
Chandeliers. — autres — de plomb pour chapelles d'enfans — petits	*Idem*	60.
Chandeliers. — autres — de toutenague	La pièce	1,000.
Chanvre — brut	La livre	50.
Chanvre — Cordes de (V. *Cordes*).		
Chanvre — Étoupes de — indigènes	Le quintal	1,800.
Chanvre — Étoupes de — de vieux cordages	*Idem*	3,200.
Chapeaux — de baleine	La pièce	3,200.
Chapeaux — de carton doublé de taffetas gommé	*Idem*	800.
Chapeaux — de castor noir pour femmes — avec ornemens	*Idem*	4,000.
Chapeaux — de castor noir pour femmes — autres	*Idem*	3,000.
Chapeaux — de crêpe, ornés, pour femmes	*Idem*	4,000.
Chapeaux — de cuir — verni	*Idem*	1,200.
Chapeaux — de cuir — non verni	*Idem*	800.
Chapeaux — de cuir — avec ou sans carton, pour enfans	*Idem*	800.
Chapeaux — de feutre — à trois cornes — *apresilhados* — avec glands d'or et d'argent	*Idem*	12,000.
Chapeaux — de feutre — à trois cornes — *apresilhados* — galonnés	*Idem*	25,600.
Chapeaux — de feutre — à trois cornes — *armados*	*Idem*	6,000.
Chapeaux — de feutre — à trois cornes — *para armar*, grands, unis	*Idem*	5,000.
Chapeaux — de feutre — autres — communs	*Idem*	1,200.
Chapeaux — de feutre — autres — fins	*Idem*	2,400.
Chapeaux — de feutre — autres — superfins	*Idem*	5,000.
Nota. Les chapeaux de femmes avec rubans et autres ornemens sont évalués à 1,000 reis par valeur de 1,000 reis.		
Chapeaux — de gaze, pour femmes	La pièce	3,000.
Chapeaux — gommés, pour hommes	*Idem*	2,400.
Chapeaux — de laine *Braga* ou façon *Braga* — pour enfans	*Idem*	250.
Chapeaux — de laine *Braga* ou façon *Braga* — pour hommes — communs	*Idem*	400.
Chapeaux — de laine *Braga* ou façon *Braga* — pour hommes — autres	*Idem*	800.
Chapeaux — de paille — *de palha* d'Angola	La douzaine	400.
Chapeaux — de paille — *de palhinha* — communs — de Chili — pour enfans	La pièce	2,000.
Chapeaux — de paille — *de palhinha* — communs — de Chili — autres	*Idem*	4,000.
Chapeaux — de paille — *de palhinha* — communs — autres — pour enfans	*Idem*	1,000.
Chapeaux — de paille — *de palhinha* — communs — autres — pour hommes et femmes	*Idem*	2,000.
Chapeaux — de paille — *de palhinha* — fins — pour hommes et femmes	*Idem*	8,000.
Chapeaux — de paille — *de palhinha* — fins — autres	*Idem*	2,000.
Chapeaux — de paille — *de palhinha* — mi-fins	*Idem*	4,000.
Chapeaux — de paille — *de palhinha* — Fonds de). *Nota.* Les fonds et passes sont évalués comme les chapeaux entiers analogues, suivant la qualité et la grandeur.		
Chapeaux — de peluche, pour femmes	La pièce	800.
Chapeaux — à plumes	*Idem*	4,800.
Chapeaux — de rognures — de papier, pour hommes ou femmes	*Idem*	1,600.
Chapeaux — de rognures — de sapin	*Idem*	160.
Chapeaux — de soie — de satin, pour femmes	*Idem*	3,000.
Chapeaux — de soie — autres — de 1.re qualité	*Idem*	3,200.
Chapeaux — de soie — autres — autres, pour femmes	*Idem*	3,000.

MARCHANDISES.	UNITÉS.	ÉVALUATIONS.
		Reis.
Chapeaux... (*Suite*). de tulle, pour femmes	La pièce	3,000.
de velours, pour femmes	*Idem*	4,800.
petits, pour modèles de toute forme et qualité	*Idem*	1,000.
autres, pour enfans	*Idem*	1,200.
Nota. Pour les chapeaux ornés, outre les évaluations ci-dessus, il sera fait une évaluation spéciale des ornemens.		
Boites à (V. *Boites-Caixas*).		
Chapelets... de bois... ornés de nacre	La pièce	200.
de bois... autres	La douzaine	240.
de coco	*Idem*	240.
de missangue avec pater noster, dorés ou noirs	*Idem*	120.
d'os	*Idem*	240.
Charbon... de bois	L'alqueire	200.
à *hoca*	La livre	200.
de terre	La tonne	9,000.
Chardon bénit	La livre	200.
Charnières... *Charneiras* d'acier pour boucles de souliers	La douzaine	240.
Missagras de fer et de laiton pour tables de jeu	*Idem*	1,200.
Charrues... (*Arados*) disposée	La pièce	6,000.
(*Charruas*) avec leurs accessoires	*Idem*	40,000.
(Fers de)	*Idem*	1,000.
Châsses (V. *Reliquaires*).		
Châtaignes	L'alqueire	600.
Chaudières... d'étain. (V. *Étain ouvré*).		
de corne. (V. *Corne*).		
Chausse-pieds en corne. (V. *Cornes à chausser*).		
Chaux de pierre	L'alqueire	480.
Chélidoine	La livre	200.
Chemises... de coton... de mousseline... communes	La pièce	1,000.
de mousseline... fines... pour enfans... brodées	*Idem*	2,400.
de mousseline... fines... pour enfans... autres	*Idem*	1,000.
de mousseline... fines... autres	*Idem*	2,400.
de nankin bleu	*Idem*	1,000.
de percale... brodées, pour hommes et femmes	*Idem*	3,200.
de percale... autres	*Idem*	1,600.
de tricot	*Idem*	800.
autres communes... rayées	*Idem*	400.
autres communes... autres	*Idem*	600.
de laine... de flanelle, de dessous	*Idem*	1,200.
de séraphine	*Idem*	800.
de tricot	*Idem*	800.

MARCHANDISES.					UNITÉS.	ÉVALUATIONS.
						Reis.
Chemises (*Suite*).	de lin	de batiste	brodées pour hommes et femmes		La pièce	8,000.
			unies		*Idem*	4,000.
		autres	communes	de *aniagem*	*Idem*	600.
				de *brim* pour hommes	*Idem*	600.
				de *linho* rayées	*Idem*	400.
			fines	de Bretagne	*Idem*	1,200.
				de *brim*	*Idem*	1,200.
				d'Irlande, avec jabots de batiste	*Idem*	4,000.
				d'Irlande, sans jabots de batiste	*Idem*	3,200.
				autres	*Idem*	1,200.
	Jabots	de batiste	brodée		*Idem*	1,600.
			unie		*Idem*	1,000.
		de percale			*Idem*	240.
Chemisettes	de batiste brodée				*Idem*	6,400.
	de crêpe				*Idem*	2,000.
	de gaze				*Idem*	2,000.
	de mousseline brodée				*Idem*	3,200.
	de tulle de soie brodé				*Idem*	4,000.
Chenille	de rubans de velours				La vare	50.
	autre	commune de 12 vares			La pièce	200.
		fine *idem*			*Idem*	440.
Chevalets	*Cavalletes* pour peintres				*Idem*	2,400.
	Pernas pour scieurs de bois				La douzaine	4,800.
Chevaux					Par tête	50,000.
Chevaux pour jouets d'enfans	*Cavallinhos*	de 1 1/2 à 2 palmes			La pièce	800.
		de 2 à 3 palmes			*Idem*	1,600.
	Cavallos de bois, à bascule				*Idem*	16,000.
Cheveux	bruts pour perruques				La livre	4,000.
	ouvragés	Bracelets. (V. *Bracelets.*)				
		Chaînes pour montres, sans clé et cachet			La douzaine	9,600.
		Colliers			La pièce	1,200.
		Cordons	pour montres		*Idem*	320.
			autres		La douzaine	240.
		Tours pour femmes			La pièce	2,400.
		Tresses			*Idem*	3,200.
Chicorée					La livre	120.
Chiendent					*Idem*	100.
Chocolat					L'arrobe	4,800.
Chocolatières	en cuivre	grandes			La pièce	1,200.
		petites			*Idem*	800.
	en fer	battu. (V. *Fer battu.*)				
		autre			La livre	200.
	en fer-blanc verni				La pièce	1,200.
Ciguë (tiges de)					La livre	200.
Cinabre natif					*Idem*	4,000.
Cirage	liquide	en boîtes de fer-blanc			L'arrobe	4,000.
		en pots	de 1 *quartillo*		Le pot	200.
			de 1/2 *idem*		*Idem*	100.
	sec en bâtons				La douzaine	480.
	autre				L'arrobe	1,500.

MARCHANDISES.	UNITÉS.	ÉVALUATIONS.
		Reis.
Cire. *Cera.* indigène	L'arrobe	3,000.
Cire. *Cera.* étrangère. Bougies (de)	La livre	400.
Cire. *Cera.* étrangère. Figures (de) en boîtes de verre. (V. *Figures.*)		
Cire. *Cera.* étrangère. autre	L'arrobe	7,200.
Cire. *Lacre* à cacheter	La livre	960.
Ciseaux de barbier. polis	La douzaine	2,400.
Ciseaux de barbier. autres	*Idem*	500.
Ciseaux de chirurgie	La pièce	1,200.
Ciseaux de cordonnier	La douzaine	4,000.
Ciseaux de couturière. avec monture de métal ou de nacre	*Idem*	12,000.
Ciseaux de couturière. autres. communs	*Idem*	240.
Ciseaux de couturière. autres. polis	*Idem*	1,600.
Ciseaux de ferblantier	La pièce	600.
Ciseaux de jardin	*Idem*	1,200.
Ciseaux de menuisier (*Formoes*)	*Idem*	1,200.
Ciseaux d'orfèvre	*Idem*	600.
Ciseaux de papetier	La douzaine	2,[illegible]00.
Ciseaux de tailleurs	*Idem*	4,[illegible]00.
Ciseaux pour tondre, à ressort	*Idem*	3,[illegible]00.
Civette	L'once	4,800.
Clairons	La pièce	4,800.
Clarinettes	*Idem*	6,400.
Clavecins. grands	*Idem*	64,000.
Clavecins. petits ou épinettes	*Idem*	24,000.
Clés pour fontaines, en métal	*Idem*	120.
Clés pour montres. de cuivre doré	*Idem*	1,600.
Clés pour montres. de missangue, avec anneau de métal	*Idem*	2,400.
Clés pour moulins à eau, en fer	*Idem*	2,000.
Clés à vis	La douzaine	960.
Cloportes	La livre	800.
Clous. de cuivre. (V. *Cuivre.*)		
Clous. de fer. (V. *Fer.*)		
Clous de girofle. de l'Inde	La livre	1,000.
Clous de girofle. de Maragnon	*Idem*	200.
Cochenille	*Idem*	4,800.
Cochlearia	*Idem*	480.
Coculus indicus	*Idem*	320.
Coffres. *Almarios.* de bois garnis de fer blanc. jusqu'à 4 palmes	La pièce	80,000.
Coffres. *Almarios.* de bois garnis de fer blanc. de 4 à 6 *idem*	*Idem*	120,000.
Coffres. *Almarios.* de bois garnis de fer blanc. de plus de 6 *idem*	*Idem*	160,000.
Coffres. *Almarios.* de fer. battu, garni de bois ou non, avec ou sans tiroirs. jusqu'à 4 palmes	*Idem*	150,000.
Coffres. *Almarios.* de fer. battu, garni de bois ou non, avec ou sans tiroirs. de 4 à 6 *idem*	*Idem*	200,000.
Coffres. *Almarios.* de fer. battu, garni de bois ou non, avec ou sans tiroirs. de plus de 6 *idem*	*Idem*	300,000.
Coffres. *Almarios.* de fer. autre, avec ou sans tiroirs. jusqu'à 3 palmes	*Idem*	60,000.
Coffres. *Almarios.* de fer. autre, avec ou sans tiroirs. de plus de 3 *idem*	*Idem*	90,000.
Coffres. *Burros*, forts, en fer. battu. jusqu'à 2 palmes	*Idem*	50,000.
Coffres. *Burros*, forts, en fer. battu. de 2 à 3 *idem*	*Idem*	100,000.
Coffres. *Burros*, forts, en fer. battu. de 3 à 4 *idem*	*Idem*	150,000.
Coffres. *Burros*, forts, en fer. battu. de plus de 4 *idem*	*Idem*	200,000.
Coffres. *Burros*, forts, en fer. fondu. jusqu'à 2 palmes	*Idem*	12,000.
Coffres. *Burros*, forts, en fer. fondu. de 2 à 3 *idem*	*Idem*	24,000.
Coffres. *Burros*, forts, en fer. fondu. de 3 à 4 *idem*	*Idem*	36,000.
Coffres. *Burros*, forts, en fer. fondu. de plus de *idem*	*Idem*	48,000.

MARCHANDISES.	UNITÉS.	ÉVALUATIONS.
		Reis.
Coffres (*Suite*). — *Caixas* à outils de charpentiers — jusqu'à 2 1/2 palmes	La pièce	8,000.
Coffres (*Suite*). — *Caixas* à outils de charpentiers — de 2 1/2 à 4 *idem*	*Idem*	12,000.
Coffres (*Suite*). — *Caixas* à outils de charpentiers — de plus de 4 *idem*	*Idem*	32,000.
Coiffes — de fil pour perruques	*Idem*	80.
Coiffes — de *fita*	*Idem*	2,000.
Coiffes — de satin pour chapeaux ou *toucado*	*Idem*	4,800.
Coiffes — de soie moulinée ou plate	*Idem*	600.
Coiffes — de toile cirée pour chapeaux	*Idem*	320.
Coiffes — autres pour la tête	*Idem*	200.
Coins de fer pour tonneliers	*Idem*	400.
Coings (Pepins de)	La livre	240.
Colle — forte (*Cola*)	L'arrobe	2,000.
Colle — autre (*Grude*)	*Idem*	2,000.
Collerettes — de batiste ou dentelle	La pièce	4,800.
Collerettes — de gaze ou tulle	*Idem*	1,600.
Collerettes — de mousseline — brodée	*Idem*	3,200.
Collerettes — de mousseline — autre	*Idem*	1,600.
Colliers — *Coalheiros* de cuir pour chevaux avec ornemens plaqués	La paire	10,000.
Colliers — *Collares* — de métal non dénommé	La pièce	800.
Colliers — *Collares* — de pierres fines	*Idem*	25,600.
Colliers — *Collares* — autres. (V. *Cheveux, corail, missangue, perles, &c.*)		
Colliers — *Colleiras* pour chiens — de cuir	*Idem*	1,000.
Colliers — *Colleiras* pour chiens — de métal non dénommé avec boucles et cadenas	*Idem*	1,000.
Coloquintes	La livre	600.
Commodes — de bois — commun — grandes	La pièce	30,000.
Commodes — de bois — commun — moyennes	*Idem*	24,009.
Commodes — de bois — commun — petites	*Idem*	16,000.
Commodes — de bois — autre que commun, *mogno*, *jacaranda*, *&c*, avec ou sans pierre — grandes	*Idem*	40,000.
Commodes — de bois — autre que commun, *mogno*, *jacaranda*, *&c*, avec ou sans pierre — moyennes	*Idem*	32,000.
Commodes — de bois — autre que commun, *mogno*, *jacaranda*, *&c*, avec ou sans pierre — petites	*Idem*	20,000.
Commodes — de carton	*Idem*	1,000.
Commodes — non dénommées vernissées — jusqu'à 2 palmes de haut	*Idem*	25,000.
Commodes — non dénommées vernissées — de 2 à 3 *idem*	*Idem*	48,000.
Commodes — non dénommées vernissées — de 3 à 4 *idem*	*Idem*	80,000.
Commodes — non dénommées vernissées — de plus de 4 *idem*	*Idem*	128,000.
Compas — de fer — avec bout de laiton — de 1 palme	La douzaine	1,200.
Compas — de fer — avec bout de laiton — de plus de 1 *idem*	*Idem*	2,800.
Compas — de fer — autres — de 1 palme	*Idem*	960.
Compas — de fer — autres — de plus de 1 *idem*	*Idem*	1,920.
Compas — de laiton — de 1 palme	*Idem*	1,600.
Compas — de laiton — avec autres pièces	La douzaine de *jogo*.	3,840.
Confections aromatiques de toute sorte	La livre	2,400.
Confitures liquides ou sèches	*Idem*	320.
Connaissemens imprimés	1,000 en nomb.	5,000.
Conserves — de *manga* en *boioes*	Le flacon	2,000.
Conserves — de rose	La livre	400.
Conserves — autres à l'eau-de-vie et aux liqueurs — en flacons	Le flacon	500.
Conserves — autres à l'eau-de-vie et aux liqueurs — en *pobaris*	Le pobaris	2,000.
Conserves — autres à l'eau-de-vie et aux liqueurs — en pots	Le pot	800.

MARCHANDISES.	UNITÉS.	ÉVALUATIONS.
		Reis.
Conserves. (*Suite.*) autres. (*Suite.*) au vinaigre… en barils de 4 barils à la pipe	Le baril	8,000.
Conserves. (*Suite.*) autres. (*Suite.*) au vinaigre… en cruchons (*ancoretas*)	Le cruchon	2,000.
Conserves. (*Suite.*) autres. (*Suite.*) au vinaigre… en flacons ou pots de 1 *quartilho*	Le flacon	200.
Conserves. (*Suite.*) autres. (*Suite.*) au vinaigre… en flacons ou pots de 2 *idem*	*Idem*	400.
Conserves. (*Suite.*) autres. (*Suite.*) au vinaigre… en flacons ou pots de 4 *idem*	*Idem*	800.
Conserves. (*Suite.*) autres. (*Suite.*) autres en vases de terre. (V. *Vases-boiens.*)		
Consoles en bois autres que communs	La pièce	60,000.
Nota. Pour celles à miroirs, l'évaluation sera augmentée suivant la valeur des miroirs. Pour celles en bois commun, l'évaluation sera diminuée de 40 p. o/o.		
Consoude grande	La livre	200.
Coques	*Idem*	320.
Coquetiers en bois	La pièce	120.
Coquillages	L'arrobe	2,400.
Coquilles d'or pour peintres	La pièce	60.
Corail… fin… Colliers… avec perles de métal	*Idem*	18,000.
Corail… fin… Colliers… autres	*Idem*	12,000.
Corail… fin… en fils	La livre	6,400.
Corail… fin… en pâte ou poudre pour pharmaciens	*Idem*	280.
Corail… fin… (Teintures de)	*Idem*	1,200.
Corail… faux… Colliers de	La pièce	700.
Corail… faux… Grains en fils de 80 grains par fil, de 40 fils au paquet	Le paquet	3,200.
Corail… faux… (Parures de)	La pièce	12,000.
Coraline en poudre pour pharmacie	La livre	280.
Corbeilles… *Cabas*… de jonc	La paire	1,000.
Corbeilles… *Cabas*… de *pite*, petites	La pièce	200.
Corbeilles… *Cestas*… de bois vernies pour pain	*Idem*	1,000.
Corbeilles… *Cestas*… de carton doublées de soie	*Idem*	4,800.
Corbeilles… *Cestas*… de filigrane	*Idem*	24,000.
Corbeilles… *Cestas*… d'ivoire à jour	*Idem*	12,800.
Corbeilles… *Cestas*… de *pite*… communes	*Idem*	400.
Corbeilles… *Cestas*… de *pite*… fines	*Idem*	2,000.
Corbeilles… *Cestas*… de plaqué vernies pour pain	*Idem*	8,000.
Corbeilles… *Condeças* de 4 ou 5 au *terno*… grandes	Le *terno*	1,000.
Corbeilles… *Condeças* de 4 ou 5 au *terno*… moyennes	*Idem*	600.
Cordes… musicales… *Bordoes*… pour guitares	La douzaine	200.
Cordes… musicales… *Bordoes*… pour pianos	*Idem*	960.
Cordes… musicales… *Cordao* à boyau pour guitares en paquets de 12 cordes	Le paquet	300.
Cordes… musicales… *Cordas*… pour violons de 30 au paquet	*Idem*	2,000.
Cordes… musicales… *Cordas*… autres de fil de fer	La douzaine	140.
Cordes… musicales… *Encordadura* pour pianos	La garniture	4,800.
Cordes… autres… *Betas*… d'*Embira*… grosses	La pièce	40.
Cordes… autres… *Betas*… d'*Embira*… minces	*Idem*	20.
Cordes… autres… *Betas*… d'*Imbé*… grosses	*Idem*	320.
Cordes… autres… *Betas*… d'*Imbé*… minces	*Idem*	160.
Cordes… autres… *Cabos*… de *Piassava* pour roue à chapelet	La paire	3,200.
Cordes… autres… *Cabos*… d'*Imbé* pour grappins	La pièce	1,600.
Cordes… autres… *Corda*… de chanvre	L'arrobe	5,000.
Cordes… autres… *Corda*… d'écorce d'arbre	Le quintal	3,200.

MARCHANDISES.	UNITÉS.	ÉVALUATIONS.
		Reis.
Cordons — d'argent — faux — pour bonnets	La pièce	1,200.
Cordons — d'argent — faux — pour lorgnons, montres, &c.	*Idem*	600.
Cordons — d'argent — fin pour bonnets	*Idem*	2,400.
Cordons — de cheveux pour lunettes ou montres	*Idem*	320.
Cordons — de coton — pour bonnets — militaires	*Idem*	1,600.
Cordons — de coton — pour bonnets — autres avec glands	*Idem*	1,200.
Cordons — de coton — pour bords de bottes	La vare	10.
Cordons — de coton — à bouquets ou pompons	La pièce	200.
Cordons — de coton — pour *enfiler* — gros	La vare	50.
Cordons — de coton — pour *enfiler* — autres de 10 vares à la pièce	La pièce	40.
Cordons — de coton — pour tapissier	La vare	200.
Cordons — de filigrane fausse pour lorgnons, montres	La pièce	600.
Cordons — de laine — pour bonnets avec glands	*Idem*	1,200.
Cordons — de laine — pour bords de bottes	La vare	10.
Cordons — de métal doré	*Idem*	500.
Cordons — de missangues pour montres	La pièce	800.
Cordons — d'or. (*Comme d'argent.*)		
Cordons — de soie — pure — pour bonnets avec glands	*Idem*	1,200.
Cordons — de soie — pure — pour bords de bottes	La vare	30.
Cordons — de soie — pure — pour manteaux avec glands	L'assortiment	12,000.
Cordons — de soie — pure — pour montres, lunettes — en rubans	Le cordon	960.
Cordons — de soie — pure — pour montres, lunettes — autres	*Idem*	320.
Cordons — de soie — pure — autres — avec gland de soie *frouxa*	*Idem*	200.
Cordons — de soie — pure — autres — façonnés — gros	La vare	240.
Cordons — de soie — pure — autres — façonnés — autres	*Idem*	80.
Cordons — de soie — pure — autres — autres — gros	*Idem*	160.
Cordons — de soie — pure — autres — autres — autres	*Idem*	80.
Cordons — de soie — mélangée pour manteaux de chevaliers d'ordre	La pièce	20,000.
Cordons — non dénommés pour confréries	La douzaine	1,200.
Nota. Les cordons de laine ou de fil non dénommés sont évalués 20 p. o/o de plus que ceux de coton.		
Cordonnets — de *canotao* fin, uni, pour *subalternos*	La pièce	4,000.
Cordonnets — de *canotilho*, pour *subalternos*, communs	*Idem*	2,880.
Cordonnets — avec cordon, sans franges	*Idem*	1,600.
Cordonnets — de *fio* d'argent ou d'or pour *subalternos*	*Idem*	2,240.
Cordonnets — avec glands de *canotao* à torsades pour *subalternos*	*Idem*	5,600.
Cordonnets — de laine pour sergens	*Idem*	640.
Cordonnets — de soie *idem*	*Idem*	640.
Corne — de cerf — brûlée	La livre	160.
Corne — de cerf — autre	*Idem*	160.
Corne — de cerf — (Râpures de)	*Idem*	160.
Corne — autre — brute	100 en nombre	4,000.
Corne — autre — en feuilles, pour lanternes	*Idem*	4,600.
Corne — autre — en plaques	*Idem*	2,000.
Corne — autre — ouvrée — à chausser	La pièce	80.
Corne — autre — ouvrée — (petites chaudières de) en forme de verre à boire	Le *terno*	400.
Corne — autre — ouvrée — (Couleuvres de) en petites boîtes	La pièce	100.
Corne — autre — ouvrée — (Flacons de)	*Idem*	200.
Corne — autre — ouvrée — (Verres de)	*Idem*	100.
Cornemuses	*Idem*	5,000.
Cors	*Idem*	10,000.
Corsages. (Voy. *Canezous.*)		
Corsets — *Colletes*	*Idem*	4,000.
Corsets — *Espartilhos*	*Idem*	2,000.

MARCHANDISES.	UNITÉS.	ÉVALUATIONS.
		Reis.
Coton brut — du Brésil	L'arrobe	2,400.
Coton brut — de l'Inde	*Idem*	2,400.
Couleurs — en boites de bois — avec 3 pains	La boite	400.
Couleurs — en boites de bois — avec 6 *idem*	*Idem*	600.
Couleurs — en boites de bois — avec 12 *idem*	*Idem*	1,000.
Couleurs — sur godets	Les 12 godets	400.
Couloirs de laine d'une pièce	La pièce	400.
Coupe-pâtes	*Idem*	160.
Couperets de fer ou de laiton	*Idem*	200.
Couperose	L'arrobe	640.
Couronne — en cire	La pièce	640.
Couronne — de roi	La livre	200.
Courroies — de bandoulières de *cantiz*	La pièce	500.
Courroies — de carabine	*Idem*	500.
Courroies — de laquais — *Grampos*	La douzaine	1,750.
Courroies — de laquais — *Pegadeiras*, en laine ou soie	La paire	4,000.
Courroies — de laquais — (Glands de) en laine	*Idem*	160.
Courroies — autres de *cantiz*	La pièce	500.
Courtines. (Voy. *Rideaux.*)		
Coussinets — *Almofadinhas* de soie — pour épingles	*Idem*	160.
Coussinets — *Almofadinhas* de soie — autres brodés ou peints	*Idem*	2,00
Coussinets — *Lombilho* de cuir	*Idem*	1,600.
Coussins — *Almofadas* — de cravates	*Idem*	240.
Coussins — *Almofadas* — de soie unie	*Idem*	3,200.
Coussins — *Almofadas* — de velours	*Idem*	6,400.
Coussins — *Almofadas* — autres brodés ou peints	50 p. 0/0 en sus des évaluations ci-dessus.	
Coussins — *Assentos* de chaises. (Voy. *Chaises.*)		
Coussins — *Coxim* — de doreur	La pièce	960.
Coussins — *Coxim* — de veau	*Idem*	600.
Couteaux — *Cutelos* — de tanneur	*Idem*	320.
Couteaux — *Cutelos* — de tonnelier	*Idem*	1,000.
Couteaux — *Facas* — de chasse	*Idem*	200.
Couteaux — *Facas* — de chirurgie	*Idem*	800.
Couteaux — *Facas* — de cordonnier	La douzaine	360.
Couteaux — *Facas* — pour greffe, à manche de bois	La pièce	100.
Couteaux — *Facas* — de peintre	La douzaine	2,000.
Couteaux — *Facas* — de table — à découper, à manche — de bois, corne, fer, os	*Idem*	1,600.
Couteaux — *Facas* — de table — à découper, à manche — d'ivoire	La paire	1,600.
Couteaux — *Facas* — de table — à découper, à manche — de plaqué	*Idem*	600.
Couteaux — *Facas* — de table — autres à manche — de bois, corne, fer, os — assortis	La douzaine	1,700.
Couteaux — *Facas* — de table — autres à manche — de bois, corne, fer, os — non assortis	*Idem*	1,000.
Couteaux — *Facas* — de table — autres à manche — d'ivoire, de nacre — assortis	*Idem*	6,400.
Couteaux — *Facas* — de table — autres à manche — d'ivoire, de nacre — non assortis	*Idem*	4,000.
Couteaux — *Facas* — de table — autres à manche — de plaqué, assortis	*Idem*	4,000.
Couteaux — *Facas* — autres — dorés ou plaqués, avec fourchette	*Idem*	20,000.
Couteaux — *Facas* — autres — à manches lourds ou légers	*Idem*	500.
Couteaux — *Machetes* de cuisine	La pièce	200.
Couteaux — *Navalhas* de poche	La douzaine	1,200.
Couteaux — (Manches de) (V. *Manches.*)		
Couteaux — (Lames de) en fer	*Idem*	1,200.
Couvercles de cuivre pour plats	La pièce	1,280.

MARCHANDISES.					UNITÉS.	ÉVALUATIONS.
						Reis.
Couverts (Boîtes à).	*Caixas* en maroquin, en peau ou bois de toute sorte	pour une douzaine de couverts			La pièce	9,600.
		pour une demi-douzaine			*Idem*	4,800.
	Nota. Au-dessus d'une douzaine, au-dessous d'une demi-douzaine, l'évaluation est proportionnelle.					
	Estojos pour 1 couvert				*Idem*	480.
	Faqueiros de bois et de peau de chagrin (*Comme Caixas*.)					
Couvertures. (V. *Tissus suivant l'espèce*.)						
Crachats	d'argent	émaillés			*Idem*	20,000.
		sans émail ou légèrement émaillés			*Idem*	12,800.
	brodés pour manteaux				*Idem*	8,000.
	en pierres fausses ou en pâtes dites *commendas*				*Idem*	50,000.
	autres brodés				*Idem*	2,400.
Crachoirs	de cuivre	de l'Inde ou façon de l'Inde			*Idem*	4,000.
		autres petits			*Idem*	480.
	d'étain				*Idem*	240.
Craie	de charpentiers				L'arrobe	600.
	de tailleurs				La livre	400.
	de tonneliers				L'arrobe	320.
Crâne humain					*Idem*	1,280.
Cravates	de cuir	commun, pour soldats			La pièce	100.
		verni, pour officiers			*Idem*	400.
	de mousseline				*Idem*	450.
	de *pellica*				*Idem*	800.
	de percale				*Idem*	450.
	de soie				*Idem*	800.
	de velours	*Belbute*			*Idem*	450.
		Velludo			*Idem*	800.
	(Coussins de). (V. *Coussins*.)					
Crayons	communs				La douzaine	120.
	fins				*Idem*	320.
	rouges				La livre	80.
	autres	à dessiner, de 3 pouces			La douzaine	240.
		de toute couleur			La livre	80.
	(Boîtes de)	renfermant 3 douzaines de crayons			La pièce	1,200.
		renfermant plus de 3 douzaines. Évaluation proportionnelle.				
Crême de tartre					La livre	160.
Creusets	de plâtre, petits				100 en nombre.	2,400.
	autres	blancs			La douzaine	120.
		noirs			Nombre	20.
Cribles de cuir pour *jeirar*					La pièce	4,000.
Crins de cheval					L'arrobe	2,000.
Crochets	*Bisagres* dorés, pour portes				La pièce	1,600.
	Cancros de fer, pour portes				La douzaine	600.
		de *carrauça* ou *chapa* pour *bombinelas*	jusqu'à 2 1/2 pouces		*Idem*	1,200.
			de 2 1/2 à 3 1/2 *idem*		*Idem*	2,400.
	Escapulas	de fer *de gaucho* sans *espiga*	jusqu'à 2 *idem*		*Idem*	400.
			de 2 à 4 *idem*		*Idem*	960.
			de plus de 4 *idem*		*Idem*	1,200.
		de laiton *idem*	jusqu'à 2 *idem*		*Idem*	600.
			de 2 à 4 *idem*		*Idem*	1,200.
			de plus de 5 *idem*		*Idem*	2,400.

MARCHANDISES.	UNITÉS.	ÉVALUATIONS.
		Reis.
Crochets (*Suite.*) — *Ganchos* — de guides	La pièce	1,300.
Crochets — *Ganchos* — de sabre de toutes sortes	La douzaine	960.
Crochets — *Ganchos* — de sellette, plaqués	*Idem*	6,900.
Crochets — *Guarampos* — de fer ou de plaqué — pour portes	100 en nomb.	1,200.
Crochets — *Guarampos* — de fer ou de plaqué — pour sellettes et pour table	La douzaine	2,000.
Crochets — *Guarampos* — de laiton — pour portes / pour sellettes. (*Comme de fer.*)		
Crochets — *Puxadores* de bottes	Les 12 paires	2,000.
Croix — de bois avec nacre de perle	La douzaine	240.
Croix — de métal non dénommé	1,000 en nomb.	8,000.
Croix — de plomb pour chapelles d'enfans	La grosse	720.
Croupières — *Atafaias* pour mules	La pièce	2,000.
Croupières — *Garupa* à valise avec courroie pour marmite — *de malete* — avec courroie de *cantil.*	*Idem*	8[illegible]0.
Croupières — *Garupa* à valise avec courroie pour marmite — *de malete* — autre	*Idem*	500.
Croupières — *Garupa* à valise avec courroie pour marmite — *de mochila* — avec courroie de *cantil.*	*Idem*	3,000.
Croupières — *Garupa* à valise avec courroie pour marmite — *de mochila* — autre	*Idem*	1,400.
Croupières — *Rabichos* — vernies	*Idem*	640.
Croupières — *Rabichos* — autres	*Idem*	480.
Croupières — (Anneaux de) (Boucles de) (V. *Ces mots.*)		
Cruches — *Botijas* — à genièvre	*Idem*	480.
Cruches — *Botijas* — autres de bois	*Idem*	100.
Cruches — *Canecas* — de laiton	*Idem*	800.
Cruches — *Canecas* — de verre. (V. *Verre.*)		
Cruches — *Muringues* de terre rouge — grandes	*Idem*	100.
Cruches — *Muringues* de terre rouge — petites	La douzaine	240.
Crucifix — de bois — grands	La pièce	3,2000.
Crucifix — de bois — petits	*Idem*	16,000.
Crucifix — de cuivre jaune doré — grands de 1 palme	La douzaine	3,200.
Crucifix — de cuivre jaune doré — petits — avec croix de bois, de moins de 1 palme	*Idem*	1,920.
Crucifix — de cuivre jaune doré — petits — sans croix jusqu'à 1/2 palme	*Idem*	960.
Cubèbes	La livre	300.
Cuillers — de corne	La douzaine	120.
Cuillers — d'étain — de table	*Idem*	300.
Cuillers — d'étain — à thé	*Idem*	160.
Cuillers — de fer — étamé — à pot	*Idem*	1,200.
Cuillers — de fer — étamé — à potage	*Idem*	3,200.
Cuillers — de fer — étamé — de table	La grosse	3,840.
Cuillers — de fer — étamé — à thé	*Idem*	2,240.
Cuillers — de fer — autre à fondre le plomb	La pièce	480.
Cuillers — d'ivoire — petites	*Idem*	200.
Cuillers — d'ivoire — grandes	*Idem*	600.
Cuillers — de laiton — de table	La grosse	7,200.
Cuillers — de laiton — à thé	*Idem*	3,000.
Cuillers — de plaqué — à potage, grandes	La pièce	600.
Cuillers — de plaqué — à riz	*Idem*	600.
Cuillers — de plaqué — de table	La douzaine	2,400.
Cuillers — de plaqué — à thé	*Idem*	960.
Cuillers — de toutenague — à pot	*Idem*	3,600.
Cuillers — de toutenague — à potage	*Idem*	3,000.
Cuillers — de toutenague — de table	La grosse	4,400.
Cuillers — de toutenague — à thé	*Idem*	2,240.
Cuillers — autres — à fromage, avec manche d'ivoire	La pièce	1,280.
Cuillers — autres — pour tailleurs de pierre	*Idem*	240.

MARCHANDISES.					UNITÉS.	ÉVALUATIONS.
						Reis.
Cuirs	préparés pour bottes				La vare	400.
	tannés	*Atanados*			La pièce	2,000.
		Cortidos pour lits			*Idem*	4,000.
		(*Meios de*)			*Idem*	1,000.
	vernissés première qualité, entiers				*Idem*	14,000.
	ouvrés	Brides / Courroies / Harnais (V. *Ces mots.*)				
		à repasser	pour rasoirs avec étui		*Idem*	960.
			autres		La douzaine	720.
		Selles. (V. *Ce mot.*)				
Cuisinières en fer-blanc					La pièce	2,000.
Cuivre	blanc de l'Inde, ouvré				La livre	400.
	autre	brut			*Idem*	160.
		ouvré	Clous	battus	*Idem*	340.
				fondus	*Idem*	250.
			pour chaudronnerie ou doublage de navires		*Idem*	250.
			en planches	façonné et poli	*Idem*	500.
				pour laminoirs, petites	*Idem*	340.
			en objets non dénommés		*Idem*	340.
		vieux			*Idem*	120.
Culottes	*Calças*	de coton	d'indienne		La pièce	800.
			de *metim* uni, peint, rayé		*Idem*	1,600.
			de nankin	brodé	*Idem*	4,000.
				uni, peint, rayé	*Idem*	1,600.
			de percale		*Idem*	1,200.
			de satinette, unie, peinte ou rayée		*Idem*	1,600.
			de tricot		*Idem*	2,400.
			autre	grossier	*Idem*	600.
				autre	*Idem*	1,200.
		de cuir			*Idem*	2,800.
		de laine	d'alépine		*Idem*	2,400.
			de camelot		*Idem*	900.
			de casimir		*Idem*	6,400.
			de drap	commun	*Idem*	900.
				fin	*Idem*	6,400.
			de tricot		*Idem*	2,400.
		de lin et de chanvre	*d'estopa*		*Idem*	600.
			autre	commun	*Idem*	600.
				fin *dit* de Hollande	*Idem*	2,000.
		de soie	d'alépine		*Idem*	4,800-
			de tricot		*Idem*	9,600.
			autre		*Idem*	3,200.
		autres non dénommées rayées	communes		*Idem*	480.
			fines		*Idem*	1,600.
	Calças	de cuir			*Idem*	8,000.
		de laine	de casimir		*Idem*	4,000.
			de drap	commun	*Idem*	1,000.
				fin	*Idem*	5,600.
		de soie-tricot			*Idem*	7,200.
		(Coupons de) en tricot	de coton		*Idem*	1,500.
			de laine		*Idem*	1,500.
			de soie		*Idem*	6,000.

MARCHANDISES.	UNITÉS.	ÉVALUATIONS.
		Reis.
Cumin	L'arrobe	1,600.
Cure-dents .. de bois	1,000 en nomb.	100.
Cure-dents .. d'écaille	La douzaine	600.
Cure-dents .. d'ivoire	*Idem*	600.
Cure-dents .. de nacre	*Idem*	600.
Cure-dents .. d'os ... avec boîte renfermant deux cure-dents et un cure-oreille	La pièce	100.
Cure-dents .. d'os ... autres	La douzaine	240.
Cure-dents .. autres ornés	La pièce	300.
Cure-dents .. (Boîtes à) ... de bois	La douzaine	960.
Cure-dents .. (Boîtes à) ... de carton	*Idem*	600.
Cure-dents .. (Boîtes à) ... d'écaille	*Idem*	4,800.
Cure-dents .. (Boîtes à) ... d'ivoire. (*Comme de nacre.*)		
Cure-dents .. (Boîtes à) ... de métal non dénommé	*Idem*	2,400.
Cure-dents .. (Boîtes à) ... de nacre. (*Comme d'écaille.*)		
Cure-dents .. (Boîtes à) ... d'os. (*Comme de bois.*)		
Cure-dents .. (Boîtes à) ... de *pite*	*Idem*	4,800.
Cure-dents .. (Boîtes à) ... de plaqué. (*Comme d'écaille.*)		
Cure-dents .. (Boîtes à) ... autres ornées	*Idem*	1,300.
Cuscus	L'arrobe	1,600.
Cuvettes ... de bois, peintes	La pièce	1,000.
Cuvettes ... de fer-blanc verni	*Idem*	4,000.
Cuvettes ... de laiton	La livre	360.
Cylindres pour orfèvres avec accessoires ... jusqu'à 1 palme	La pièce	16,000.
Cylindres pour orfèvres avec accessoires ... plus grands	*Idem*	24,000.
Damas. (V. *Tissus de laine et de soie.*)		
Damasquins. (Outil d'orfèvre.)	*Idem*	1,000.
Dame-jeannes. (V. *Verre.*)		
Dattes	La livre	400.
Découpoirs .. à hosties	La pièce	1,200.
Découpoirs .. à pains à cacheter	*Idem*	800.
Dentelle ... *Espignilta*	L'once	2,000.
Dentelle ... *Folho de talagage*	La vare	600.
Dentelle ... *Renda* ... d'argent ... faux	*Idem*	100.
Dentelle ... *Renda* ... d'argent ... fin	L'once	2,400.
Dentelle ... *Renda* ... de coton	La vare	120.
Dentelle ... *Renda* ... de fil ... française ou façon de France ... de 1 pouce	*Idem*	600.
Dentelle ... *Renda* ... de fil ... française ou façon de France ... de 2 *idem*	*Idem*	1,000.
Dentelle ... *Renda* ... de fil ... française ou façon de France ... de 3 *idem*	*Idem*	2,000.
Dentelle ... *Renda* ... de fil ... française ou façon de France ... de 4 *idem*	*Idem*	3,000.
Dentelle ... *Renda* ... de fil ... française ou façon de France ... de 5 *idem*	*Idem*	4,000.
Dentelle ... *Renda* ... de fil ... française ou façon de France ... de 6 *idem*	*Idem*	5,000.
Dentelle ... *Renda* ... de fil ... française ou façon de France ... de plus de 6 pouces	*Idem*	8,000.
Dentelle ... *Renda* ... de fil ... portugaise ou façon portugaise ... de 1 pouce	*Idem*	80.
Dentelle ... *Renda* ... de fil ... portugaise ou façon portugaise ... de 2 *idem*	*Idem*	160.
Dentelle ... *Renda* ... de fil ... portugaise ou façon portugaise ... de 3 *idem*	*Idem*	240.
Dentelle ... *Renda* ... de fil ... portugaise ou façon portugaise ... de 4 *idem*	*Idem*	400.
Dentelle ... *Renda* ... de fil ... portugaise ou façon portugaise ... de plus de 4 pouces	*Idem*	600.
Dentelle ... *Renda* ... d'or. (*Comme d'argent.*)		

MARCHANDISES.	UNITÉS.	ÉVALUATIONS.
		Reis.
Dentelle (*Suite.*) — *Renda* (Suite.) — de soie — noire portuguise ou façon portugaise — jusqu'à 4 pouces	La vare	280.
Dentelle (*Suite.*) — *Renda* (Suite.) — de soie — noire portuguise ou façon portugaise — de 4 à 8 *idem*	*Idem*	480.
Dentelle (*Suite.*) — *Renda* (Suite.) — de soie — noire portuguise ou façon portugaise — de 8 à 12 *idem*	*Idem*	720.
Dentelle (*Suite.*) — *Renda* (Suite.) — de soie — noire portuguise ou façon portugaise — de 12 à 16 *idem*	*Idem*	1,000.
Dentelle (*Suite.*) — *Renda* (Suite.) — de soie — noire portuguise ou façon portugaise — de 16 à 20 *idem*	*Idem*	1,200.
Dentelle (*Suite.*) — *Renda* (Suite.) — de soie — noire portuguise ou façon portugaise — de 20 à 24 *idem*	*Idem*	1,600.
Nota. Au-delà de 24 pouces, le prix est réglé d'après la dernière évaluation.		
Dentelle (*Suite.*) — *Renda* (Suite.) — de soie — autre — jusqu'à 2 pouces	*Idem*	300.
Dentelle (*Suite.*) — *Renda* (Suite.) — de soie — autre — de 2 à 3 *idem*	*Idem*	450.
Dentelle (*Suite.*) — *Renda* (Suite.) — de soie — autre — de 3 à 4 *idem*	*Idem*	600.
Dentelle (*Suite.*) — *Renda* (Suite.) — de soie — autre — de 4 à 5 *idem*	*Idem*	800.
Dentelle (*Suite.*) — *Renda* (Suite.) — de soie — autre — de 5 à 6 *idem*	*Idem*	1,000.
Dentelle (*Suite.*) — *Renda* (Suite.) — de soie — autre — de 6 à 7 *idem*	*Idem*	1,200.
Dentelle (*Suite.*) — *Renda* (Suite.) — de soie — autre — de 7 à 8 *idem*	*Idem*	1,400.
Dentelle (*Suite.*) — *Renda* (Suite.) — de soie — autre — de plus de 8 pouces	*Idem*	1,800.
Dentelle (*Suite.*) — *Trancelins* faux	La douzaine	600.
Dés — à coudre — de cuivre jaune argenté	*Idem*	600.
Dés — à coudre — de fer pour tailleurs	La grosse	1,280.
Dés — à coudre — d'ivoire	La douzaine	2,400.
Dés — à coudre — de laiton — pour femmes	La grosse	960.
Dés — à coudre — de laiton — pour tailleurs	*Idem*	1,280.
Dés — à coudre — autres — pour voiliers, dits *repu nos*	La douzaine	540.
Dés — à coudre — autres — autres	*Idem*	2,400.
Dés — à jouer	La grosse	3,600.
Dés — (Boîte à) en maroquin	La pièce	200.
Dessins — (Cahiers de)	Le cahier	1,200.
Dessins — autres	La feuille	100.
Dévidoirs en bois ou ivoire — grands	La pièce	2,400.
Dévidoirs en bois ou ivoire — petits	*Idem*	2,000.
Diadèmes de cannetille ou pierres fausses. (V. *Cannetilles.*)		
Diagrède sulfuré	La livre	12,000.
Dictame de Crète	*Idem*	240.
Digitale pourprée et autre	*Idem*	200.
Doloires de tonnelier — *Enxos*	La pièce	1,000.
Doloires de tonnelier — *Segures*	*Idem*	1,300.
Douce amère	La livre	200.
Dragées ordinaires avec amandes et autres	*Idem*	320.
Dragonnes — de cuir	La pièce	480.
Dragonnes — autres. (V. *Cordonnet.*)		
Draps. (V. *Tissus de laine.*)		
Drapeaux militaires en soie avec ceinturons et piques	*Idem*	80,000.
Droguet. (V. *Tissus de laine.*)		
Eau-de-vie en pièces de 180 mesures — de France	La pipe	110,000.
Eau-de-vie en pièces de 180 mesures — autre	*Idem*	96,000.
Eaux — d'Angleterre en bouteilles — grandes	La bouteille	1,200.
Eaux — d'Angleterre en bouteilles — petites	*Idem*	600.
Eaux — de cerises aigres	La livre	80.
Eaux — de Cologne en fioles communes	Les 12 fioles	1,800.
Eaux — diaphorétique	La livre	800.
Eaux — d'Euphraise	*Idem*	60.

MARCHANDISES.	UNITÉS.	ÉVALUATIONS.
		Reis.
Eaux (*Suite.*) — de fleurs — de fèves	La livre	120.
Eaux — de fleurs — de rose en flacons de une mesure	Le flacon	200.
Eaux — de fleurs — de sureau	La livre	80.
Eaux — de fleurs — autres	*Idem*	60.
Eaux — forte. (V. *Acide nitrique.*)		
Eaux — de *ginjas*	La livre	80.
Eaux — du Levant en fioles	Les 12 fioles	1,440.
Eaux — de *Lidonio*	La livre	60.
Eaux — de mélisse en fioles ordinaires	Les 12 fioles	1,000.
Eaux — minérales (*ferreas e de caldas*) en petites bouteilles et en flacons	Les 12 bouteill.	600.
Eaux — de myrte	La livre	60.
Eaux — de potasse en bouteilles de un *quartilho*	La bouteille	260.
Eaux — de raze	La livre	140.
Eaux — de la reine en flacons ordinaires	Les 12 flacons.	900.
Eaux — de Selz en bouteilles de grès	Les 12 bouteill.	1,800.
Eaux — de soude	La livre	640.
Eaux — spiritueuses	*Idem*	640.
Eaux — vulnéraires simples	*Idem*	160.
Écaille. (V. *Tortue. — Écaille de*)		
Écharpes — de soie — *Retroz* pour militaires avec cordons et glands de *fio*	La pièce	6,400.
Écharpes — de soie — *Seda* ou *Setim* pour *capas* brodée — en argent ou or	*Idem*	20,000.
Écharpes — de soie — *Seda* ou *Setim* pour *capas* brodée — en soie	*Idem*	12,800.
Écharpes — autres — avec cordons et glands de *canotilho* — *crespo*	*Idem*	16,000.
Écharpes — autres — avec cordons et glands de *canotilho* — fin	*Idem*	9,600.
Écharpes — autres — avec cordons et glands de *canotilho* — uni	*Idem*	12,000.
Écharpes — autres — avec glands — de *canotilho* — *crespo*	*Idem*	14,000.
Écharpes — autres — avec glands — de *canotilho* — fin	*Idem*	8,000.
Écharpes — autres — avec glands — de *canotilho* — uni	*Idem*	10,000.
Écharpes — autres — avec glands — de *fio*	*Idem*	5,120.
Écharpes — autres — sans ornemens (1)	*Idem*	6,400.
(1) A la page 1 du 2.e supplément de la *pauta* brésilienne, on trouve ce même article *Banda* ou *pano sem ornatos*, évalué	La livre	12,800.
Écorces — de bois saint ou gaïac	*Idem*	160.
Écorces — de chêne	*Idem*	60.
Écorces — de grenade	*Idem*	80.
Écorces — de racine de *Tarmeigueira*	*Idem*	120.
Écorces — de sureau	*Idem*	100.
Écorces — autres, propres à laver la laine de cachemire et la mousseline brodée en or ou en argent	*Idem*	200.
Écrins, petits	La pièce	2,000.
Écritoires — *Escrevaninhas* — de bois commun, avec cornets à encre, boîte à poudre, casiers pour pains à cacheter — grandes avec ou sans tiroirs	*Idem*	2,000.
Écritoires — *Escrevaninhas* — de bois commun, avec cornets à encre, boîte à poudre, casiers pour pains à cacheter — petites	*Idem*	800.
Écritoires — *Escrevaninhas* — de bronze	*Idem*	4,000.
Écritoires — *Escrevaninhas* — de cuivre	*Idem*	4,000.
Écritoires — *Escrevaninhas* — d'étain	*Idem*	600.
Écritoires — *Escrevaninhas* — de fer-blanc de Flandres — jusqu'à 1 palme	*Idem*	400.
Écritoires — *Escrevaninhas* — de fer-blanc de Flandres — de plus de 1 palme	*Idem*	800.
Écritoires — *Escrevaninhas* — de laiton pour bureau. (V. *Secrétaires.*)		
Écritoires — *Escrevaninhas* — de plaqué avec accessoires	*Idem*	[illegible]
Écritoires — *Escrevaninhas* — de tôle vernie de l'Inde jusqu'à 2 palmes	*Idem*	[illegible]
Écritoires — *Tinteiros* — de corne	La douzaine	[illegible]
Écritoires — *Tinteiros* — d'étain	La pièce	320.
Écritoires — *Tinteiros* — d'ivoire — avec accessoires	*Idem*	2,000.
Écritoires — *Tinteiros* — d'ivoire — sans accessoires	*Idem*	1,000.
Écritoires — *Tinteiros* — d'os	La douzaine	640.
Écritoires — *Tinteiros* — de plomb	La paire	100.

MARCHANDISES.	UNITÉS.	ÉVALUATIONS.
		Reis.
Écuelles d'étain	La livre	280.
Écumoires... de cuivre	La pièce	400.
Écumoires... de fer... étamé	*Idem.*	100.
Écumoires... de fer... autre	*Idem.*	200.
Écussons... de laiton, pour armoires et tiroirs	La douzaine	400.
Écussons... autres, dorés, pour armoires et tiroirs	*Idem.*	400.
Écussons... autres, dorés, pour commodes, sans anneaux	*Idem.*	600.
Électuaire	La livre	2,000.
Élixir acide de vitriol	*Idem.*	800.
Ellébore blanc et noir	*Idem.*	200.
Émail... de couleur	*Idem.*	240.
Émail... autre	*Idem.*	200.
Embouchoirs en bois pour souliers et bottes	La pièce	8,000.
Émeril	La livre	80.
Emplâtres... d'abrotanum	*Idem.*	1,200.
Emplâtres... de blanc de baleine	*Idem.*	640.
Emplâtres... de ciguë	*Idem.*	600.
Emplâtres... confortatif	*Idem.*	600.
Emplâtres... contre les fractures	*Idem.*	640.
Emplâtres... de diachyllum, gommé	*Idem.*	600.
Emplâtres... de diachyllum, autre	*Idem.*	240.
Emplâtres... de *manus Dei*	*Idem.*	600.
Emplâtres... de mélilot	*Idem.*	480.
Emplâtres... de palme	*Idem.*	400.
Emplâtres... de *Paracelso*	*Idem.*	800.
Emplâtres... De *Raa*... mercuriel	*Idem.*	800.
Emplâtres... De *Raa*... simple	*Idem.*	400.
Emplâtres... de savon	*Idem.*	480.
Emplâtres... stomachique	*Idem.*	800.
Emplâtres... styptique de *Crolio*	*Idem.*	800.
Encens	*Idem.*	200.
Encensoirs et navettes à encens, de laiton	La pièce	4,800.
Encensoirs et navettes à encens, de plaqué	*Idem.*	20,000.
Enclumes	La livre	140.
Encre... de la Chine	*Idem.*	1,920.
Encre... à écrire... en pâte	*Idem.*	640.
Encre... à écrire... en poudre... pour 1/4 de bouteille	Le quart	240.
Encre... à écrire... en poudre... autre	La livre	640.
Encre... à écrire... rouge... en bouteille, pour marquer le linge	La bouteille	200.
Encre... à écrire... rouge... autre	L'arrobe	600.
Encre... à écrire... autre	La mesure	1,000.
Entonnoirs... d'étain... grands	La pièce	1,600.
Entonnoirs... d'étain... moyens	*Idem.*	1,200.
Entonnoirs... d'étain... petits	*Idem.*	800.
Entonnoirs... de fer-blanc	La douzaine	1,400.
Entonnoirs... de verre... grands	*Idem.*	480.
Entonnoirs... de verre... petits	*Idem.*	240.

MARCHANDISES.				UNITÉS.	ÉVALUATIONS.
					Reis.
Épaulettes...	d'officiers supérieurs........	unies		La paire......	56,000.
		à torsades		*Idem*.......	70,000.
	autres, d'or et d'argent......	avec frange..	*de canotilho*... doubles	*Idem*.......	24,000.
			simples	*Idem*.......	16,000.
			de canotao..... à torsades	*Idem*.......	40,000.
			unies	*Idem*.......	32,000.
		avec *canotao*..	à torsades, doubles	*Idem*.......	60,000.
			unies, doubles	*Idem*.......	50,000.
		à plaques....	avec broderie autour, sans frange	*Idem*.......	6,000.
			sans cordon ni frange	*Idem*.......	3,000.
		de liga, avec broderie autour		*Idem*.......	6,400.
Épées.......	*Espadinhas*, ou poignards, avec fourreau			La pièce....	3,600.
	Floretes.....	dorées		*Idem*.......	10,000.
		garnies d'argent		*Idem*.......	20,000.
		à poignées...	d'argent, ou d'argent doré	*Idem*.......	24,000.
			de nacre	*Idem*.......	8,000.
		(Gardes d')..	communes	*Idem*.......	400.
			fines	*Idem*.......	4,000.
Éperons.....	de fer......	étamé		La paire.....	300.
		uni ou verni		*Idem*.......	160.
	de laiton			*Idem*.......	400.
	de métal doré			*Idem*.......	1,600.
	de plaqué			*Idem*.......	500.
	(Brides d')..	sans boucles		Les 12 paires..	1,200.
		(Boucles de)		La douzaine..	480
Épingles....	de composition...........	*avulsos*		La pièce.....	100.
		autres en paquets		*Idem*.......	320.
	de fer.	*Alfinetes*.....	*avulsos*	La livre.....	//
			autres en paquets	*Idem*.......	800.
		Grampas à deux branches, pour cheveux		*Idem*.......	640.
	de laiton....	*avulsos*		*Idem*.......	//
		autres en paquets		*Idem*.......	1,200.
	non dénommées...........	en boîtes de bois ou de carton		La boîte.....	600.
		en paquets ou boîtes		La livre.....	1,000.
Éponges				*Idem*.......	1,000.
Escabeaux de bois avec *estufador*, pour enfans				La pièce.....	2,400.
Espingoles à canons........	de bronze, avec ou sans baïonnettes			*Idem*.......	6,000.
	de fer			*Idem*.......	2,400.
Esprits.....	d'ambre			La livre.....	600.
	d'anis			*Idem*.......	320.
	de bergamote			*Idem*.......	1,200.
	de cerises			*Idem*.......	640.
	de cochléaria			*Idem*.......	600.
	de corne de cerf			*Idem*.......	600.
	ferrugineux			*Idem*.......	400.
	de lavande			*Idem*.......	480.
	de limon			*Idem*.......	1,200.
	de *Mendereri*			*Idem*.......	480.
	de nitre....	doux		*Idem*.......	960.
		fumant		*Idem*.......	800.
	de sang humain			L'once......	240.

MARCHANDISES.	UNITÉS.	ÉVALUATIONS.
		Reis.
Esprits (*Suite*). de sel, ammoniac	La livre	600.
— de sel, commun	*Idem*	640.
— de soufre	*Idem*	160.
— de térébenthine	*Idem*	160.
— de *Tiberio* volatil	*Idem*	1,600.
— d'urine	*Idem*	600.
— de vin	*Idem*	400.
— de vitriol	*Idem*	160.
Essieux de bois. (V. *Bois.*)		
Estampes pour scapulaires	La douzaine	120.
Établis de tonnelier	La pièce	480.
Étain brut	L'arrobe	4,500.
— calciné	La livre	1,600.
— ouvré, Chaudières, petites	La pièce	400.
— ouvré, Couverts	*Idem*	1,000.
— ouvré, Cuvettes et pots à eau. (V. *Pots à eau.*)		
— ouvré, Écuelles. (V. *Écuelles.*)		
Étaux de forgeron ou de serrurier	La livre	160.
— d'orfèvre, à main	La douzaine	3,840.
— autres, à bancs	La pièce	1,600.
Éteignoirs de fer-blanc	La douzaine	240.
Éther vitriolique	La livre	2,400.
Étoupe. (V. *Chanvre.*)		
Étriers de bois, garni de métal de toute sorte	La paire	3,000.
— de fer, étamé	*Idem*	300.
— de fer, poli	*Idem*	1,200.
— de laiton, grands	*Idem*	1,280.
— de laiton, petits	*Idem*	400.
— de plaqué, (*Estribos*)	*Idem*	1,200.
— de plaqué, (*Ferros*)	*Idem*	5,000.
— autres, de toute sorte, pour voitures	*Idem*	4,800.
Étrilles en fer	La douzaine	960.
Étrivières	La paire	640.
Étuis à aiguilles, en bois	La douzaine	240.
— à aiguilles, en ivoire	*Idem*	600.
— à aiguilles, en os	*Idem*	240.
— à canifs, en carton	*Idem*	120.
— à cigares, en carton. (V. *Boîtes.* — *Canudos.*)		
— à ciseaux, communs	*Idem*	240.
— à couverts. (V. *Couverts.*)		
— à cure-dents. (V. *Cure-dents.*)		
— à instrumens de chirurgie, à lancettes. (V. *Lancettes.*)		
— à instrumens de chirurgie, à pierre infernale, en ivoire	La douzaine	3,840.
— à instrumens de chirurgie, autres, communs	*Idem*	6,400.
— à instrumens de mathématiques, à compas, avec 2 compas et tire-lignes	*Idem*	960.
— à instrumens de mathématiques, autres, communs	La pièce	2,500.
— à instrumens de mathématiques, autres, fins	*Idem*	5,000.
— à lunettes, de carton	La douzaine	240.
— à lunettes, de maroquin, *Caixas*	*Idem*	1,920.
— à lunettes, de maroquin, *Estojos*	*Idem*	1,800.
— à lunettes, de métal non dénommé	*Idem*	4,800.
— à lunettes, de peau, de chagrin	*Idem*	640.
— à lunettes, de peau, de chien	*Idem*	1,800.
— à lunettes, de plaqué	*Idem*	4,800.

MARCHANDISES.	UNITÉS.	ÉVALUATIONS.
		Reis.
Étuis (*Suite*). à pistolets. (V. *ce mot.*)		
Étuis (*Suite*). à rasoirs. (V. *Rasoirs.*)		
Étuis (*Suite*). non dénommés. en maroquin, ou peau de chagrin	La douzaine. .	600.
Étuis (*Suite*). non dénommés. en plaqué, ou métal non dénommé	*Idem*	1,200.
Eupatoire	La livre	240.
Euphorbe	*Idem*	480.
Éventails. *Abanos*. d'ailes de mouche	La pièce	640.
Éventails. *Abanos*. de plumes	*Idem*	2,400.
Éventails. *Leques*. de bambou, peints, unis ou vernis	La douzaine	480.
Éventails. *Leques*. de bois *idem*	*Idem*	480.
Éventails. *Leques*. de cabretille brodés ou peints	*Idem*	19,200.
Éventails. *Leques*. de carton brodé en soie	La pièce	1,000.
Éventails. *Leques*. d'ivoire, unis ou à jour	La douzaine	19,200.
Éventails. *Leques*. de soie. brodés	*Idem*	8,000.
Éventails. *Leques*. de soie. peints ou unis	*Idem*	2,400.
Éventails. *Leques*. autres à monture. de *charao* ou *acharoados*	*Idem*	24,000.
Éventails. *Leques*. autres à monture. de filigrane	*Idem*	72,000.
Éventails. *Leques*. autres à monture. d'ivoire. garnis de papier ou de soie	*Idem*	30,000.
Éventails. *Leques*. autres à monture. d'ivoire. non garnis	*Idem*	24,000.
Éventails. *Leques*. autres à monture. de nacre de perle	*Idem*	48,000.
Éventails. *Leques*. autres à monture. d'os garnis de papier	*Idem*	1,200.
Extraits. de cassia	La livre	6,400.
Extraits. catholique	*Idem*	3,200.
Extraits. de ciguë	*Idem*	1,600.
Extraits. de coloquinte préparée	*Idem*	3,200.
Extraits. d'ellébore. blanc	*Idem*	2,400.
Extraits. d'ellébore. noir	*Idem*	2,400.
Extraits. de fumeterre	*Idem*	1,920.
Extraits. de gentiane	*Idem*	1,600.
Extraits. de marrube	*Idem*	1,920.
Extraits. de mûres	*Idem*	360.
Extraits. de pissenlit	*Idem*	1,920.
Extraits. de quina	L'once	320.
Extraits. de réglisse	La livre	320.
Extraits. de rhubarbe	*Idem*	6,400.
Extraits. de sureau	*Idem*	360.
Extraits. de *trifolio*	*Idem*	2,000.
Fanons de baleine	Le quintal	8,000.
Farine. de blé. (V. *Grains.*)		
Farine. de pommes de terre. (V. *Pommes de terre.*)		
Fauberts	La pièce	320.
Faucilles pour couper l'herbe	La douzaine	2,000.
Fauteuils. avec siége de bois ou de jonc	La pièce	1,500.
Fauteuils. de toute autre sorte. — Droit additionnel	La valeur	50 p. 0/0.
Fénu-grec	La livre	120.
Fer-blanc. (V. *Fer étamé.*)		
Fer brut. anglais. en barres	Le quintal	2,800.
Fer brut. anglais. en verges	*Idem*	4,000.
Fer brut. de Biscaye, de Russie, de Suède. en barres	*Idem*	4,000.
Fer brut. de Biscaye, de Russie, de Suède. en verges	*Idem*	5,600.

MARCHANDISES.	UNITÉS.	ÉVALUATIONS.
		Reis.
Fer ouvré — Ancres grandes et petites	La livre	80.
Fer ouvré — Armoires. (V. *ce mot.*)		
Fer ouvré — battu, étamé, fondu en ustensiles de cuisine et autres, comme casseroles, chocolatières, poëles, pots, théières	L'arrobe	5,500.
Fer ouvré — Barres de porte — avec serrure — *para portas*	La pièce	1,200.
Fer ouvré — Barres de porte — avec serrure — *para portão*	*Idem*	6,000.
Fer ouvré — Barres de porte — sans serrure	*Idem*	600.
Fer ouvré — Cercles de fer pour barrils, pipes ou tonneaux	Le quintal	4,500.
Fer ouvré — Clous — à tête de laiton	La grosse	1,200.
Fer ouvré — Clous — dorés de toute sorte	1,000 en nomb.	1,000.
Fer ouvré — Clous — autres — de maréchal, pour ferrer	*Idem*	1,600.
Fer ouvré — Clous — autres — de tonnelier — pour barrils ou pipes	*Idem*	1,200.
Fer ouvré — Clous — autres — de tonnelier — pour demi-barriques	*Idem*	2,400.
Fer ouvré — Clous — autres — de tonnelier — pour tonneaux	*Idem*	5,000.
Fer ouvré — Clous — autres — autres — grands	Le quintal	7,500.
Fer ouvré — Clous — autres — autres — autres — *Pregos*	*Idem*	10,000.
Fer ouvré — Clous — autres — autres — autres — *Tachas*	L'arrobe	5,000.
Fer ouvré — Coffres. (V. *ce mot.*)		
Fer ouvré — coulé — en marmites à 3 pieds. (V. *Marmites.*)		
Fer ouvré — coulé — en ouvrages ordinaires	Le quintal	5,600.
Fer ouvré — étamé et platiné (Fer-blanc) — *Folha* — en caisses	La caisse	8,000.
Fer ouvré — étamé et platiné (Fer-blanc) — *Folha* — Verres avec couvercle. (V. *Verres.*)		
Fer ouvré — étamé et platiné (Fer-blanc) — *Lata* non ouvré	La livre	1,000.
Fer ouvré — Ferrures — *Fechos* — de jalousie, à 4 guichets	L'assortiment	3,500.
Fer ouvré — Ferrures — *Fechos* — de portières de voiture	La paire	3,200.
Fer ouvré — Ferrures — *Ferragens* dorées pour commodes, &c.	La douzaine	1,600.
Fer ouvré — Fers — de bottes	La paire	60.
Fer ouvré — Fers — à calfater	La pièce	160.
Fer ouvré — Fers — de cheval	La douzaine	1,200.
Fer ouvré — Fers — à friser	*Idem*	1,800.
Fer ouvré — Fers — à repasser — avec plaque en fer ou laiton	La pièce	480.
Fer ouvré — Fers — à repasser — autres — pour volans de robes	*Idem*	400.
Fer ouvré — Fers — à repasser — autres — autres	*Idem*	220.
Fer ouvré — Fers — de tanneurs	*Idem*	1,000.
Fer ouvré — Fers — de tourneurs	La douzaine	1,800.
Fer ouvré — *Missagras*	*Idem*	1,200.
Fermoirs de sacs de femme. (V. *Sacs à ouvrage pour femmes.*)		
Feuilles — de fenouil	La livre	160.
Feuilles — de langue de vache	*Idem*	240.
Feuilles — de laurier	*Idem*	800.
Feuilles — de violette	*Idem*	160.
Fiches — de fer	La douzaine	1,200.
Fiches — de laiton, de toute grandeur	*Idem*	2,400.
Figues sèches	L'arrobe	800.
Figures — de carton, dans des boîtes de verre — grandes	La pièce	8,000.
Figures — de carton, dans des boîtes de verre — petites	*Idem*	2,000.
Figures — de cire. (*Comme de carton.*)		
Figures — d'ivoire	*Idem*	2,400.
Figures — de pierres — d'un palme	*Idem*	4,000.
Figures — de pierres — de deux palmes	*Idem*	6,400.
Figures — de terre cuite, dites *santinhos* — jusqu'à 1/2 palme	La douzaine	360.
Figures — de terre cuite, dites *santinhos* — de 1/2 à 3/4 *idem*	*Idem*	360.

MARCHANDISES.	UNITÉS.	ÉVALUATIONS.
		Reis.
Fil — de coton — *Fio*	La livre	150.
Fil — de coton — *Linhas* à coudre, en pelotes ou poignées — en boîtes, renfermant 8 pelotes	La boîte	100.
Fil — de coton — *Linhas* à coudre, en pelotes ou poignées — autre	La livre	1,000.
Fil — de lin et de chanvre — *Fio* — pour cordonniers	*Idem*	200.
Fil — de lin et de chanvre — *Fio* — à coudre; anglais ou portugais, en pelotes ou en poignées — petites	*Idem*	200.
Fil — de lin et de chanvre — *Fio* — à coudre; anglais ou portugais, en pelotes ou en poignées — autres	L'arrobe	4,400.
Fil — de lin et de chanvre — *Fio* — à voiles, anglais ou hollandais, en poignées	La livre	360.
Fil — de lin et de chanvre — *Fio* — de vieille toile	*Idem*	480.
Fil — de lin et de chanvre — *Fio* — autre, en poignées — de Bengale	L'arrobe	4,400.
Fil — de lin et de chanvre — *Fio* — autre, en poignées — de Portugal — en petites poignées	La livre	200.
Fil — de lin et de chanvre — *Fio* — autre, en poignées — de Portugal — autres	L'arrobe	4,400.
Fil — de lin et de chanvre — *Linhas* — à coudre, anglais ou portugais, ou façon angl. ou portug.	La livre	1,200.
Fil — de lin et de chanvre — *Linhas* — pour pêche. (V. *Lignes.*)		
Fil — de lin et de chanvre — *Linhas* — autre — anglais ou façon anglaise, uni ou de coul.	*Idem*	550.
Fil — de lin et de chanvre — *Linhas* — autre — de Guimarraens, avec boîte	La boîte	600.
Fil — de lin et de chanvre — *Linhas* — autre — portugais ou façon portug.* — en paq. de 30 poignées	Le paquet	1,300.
Fil — de lin et de chanvre — *Linhas* — autre — portugais ou façon portug.* — autres	La livre	550.
Fil — de *Ticum-Fio*	*Idem*	260.
Fil — métallique — d'argent — *Canotao e canotilho* fin	L'once	2,400.
Fil — métallique — d'argent — *Canotilho* mi-fin	*Idem*	400.
Fil — métallique — d'argent — *Fio* — faux	*Idem*	600.
Fil — métallique — d'argent — *Fio* — fin	*Idem*	2,000.
Fil — métallique — de fer — *Arame* — pour cardes	La livre	300.
Fil — métallique — de fer — *Arame* — autre — couvert de laine, lin ou soie	*Idem*	800.
Fil — métallique — de fer — *Arame* — autre — autre	*Idem*	120.
Fil — métallique — de fer — *Canotão* ou *canotilho de arame*, couvert de soie	L'once	600.
Fil — métallique — de fer — *Fio* sur bobines	La bobine	100.
Fil — métallique — de laiton (*Arame*)	La livre	400.
Fil — métallique — d'or. (*Comme d'argent.*)		
Filets. (V. *Seines.*)		
Filières — à vis — en bois, garnis de fer	La pièce	4,800.
Filières — à vis — pour horlogers et orfèvres — avec — 12 à 18 vis	*Idem*	640.
Filières — à vis — pour horlogers et orfèvres — avec — 6 à 9 *idem*	*Idem*	480.
Filières — à vis — pour horlogers et orfèvres — autres	*Idem*	2,560.
Filières — à vis — pour carrossiers — avec 24 vis	*Idem*	8,000.
Filières — à vis — pour carrossiers — autres plus petites	*Idem*	2,400.
Filières — *Engenhos* (pour)	*Idem*	24,000.
Filigrane — (Boîtes de). (V. *Boîtes.* — *Caixinhas.*)		
Filigrane — (Cordons de) pour lorgnons, montres, &c. (V. *Cordons.*)		
Filigrane — (Parures de), avec grains de verre, missangues, perles fausses	La pièce	12,000.
Filtres — à café — en fer-blanc	*Idem*	600.
Filtres — à café — autres	*Idem*	1,000.
Filtres — à sirop, en fer-blanc — grands	*Idem*	1,200.
Filtres — à sirop, en fer-blanc — petits	*Idem*	160.
Flacons — de corne. (V. *Corne.*)		
Flacons — de pierre, avec bouchons d'étain	*Idem*	160.
Flacons — de verre. (V. *Verre.*)		
Flammes de vaisseaux	*Idem*	400.

MARCHANDISES.	UNITÉS.	ÉVALUATIONS.
		Reis.
Flammes à saigner. (V. *Lancettes.*)		
Flanelles. (V. *Tissus de laine.*)		
Fleurets d'escrime — montés	La pièce	600.
Fleurets d'escrime — Lames de)	*Idem*	200.
Fleurs — d'arnica	La livre	400.
Fleurs — de benjoin	L'once	800.
Fleurs — de bourrache	La livre	320.
Fleurs — de buis	*Idem*	600.
Fleurs — de genêt	*Idem*	400.
Fleurs — d'indigo	*Idem*	1,600.
Fleurs — de langue de vache	*Idem*	320.
Fleurs — de mauve	*Idem*	240.
Fleurs — de millepertuis	*Idem*	300.
Fleurs — de noix muscade. (V. *Macis.*)		
Fleurs — de pavot	*Idem*	240.
Fleurs — de pivoine	*Idem*	480.
Fleurs — de pulmonaire	*Idem*	200.
Fleurs — de sureau	*Idem*	240.
Fleurs — de tilleul	*Idem*	500.
Fleurs — de violette	*Idem*	400.
Fleurs — d'antimoine, de sel ammoniac, de soufre, de zinc (V. *ces mots.*)		
Fleurs artificielles — des Indes, en papier	100 en nombre.	400.
Fleurs artificielles — de plumes (Garnitures de). (V. *Garnitures.*)		
Fleurs artificielles — autres en bouquets, ou isolées	La pièce	200.
Fleurs artificielles — Garnitures de. (V. *ce mot.*)		
Fleurs artificielles — Guirlandes de — avec verroteries	*Idem*	1,200.
Fleurs artificielles — Guirlandes de — autres	*Idem*	2,400.
Flûtes — d'ivoire à une clé	*Idem*	4,800.
Flûtes — autres — à une clé — de 2 pièces	*Idem*	1,000.
Flûtes — autres — à une clé — de 3 *idem*	*Idem*	1,500.
Flûtes — autres — à une clé — de 4 *idem*	*Idem*	3,000.
Flûtes — autres — à plusieurs clés	*Idem*	8,000.
Fonds — de bonnets. (V. *Bonnets.*)		
Fonds — de chapeaux. (V. *Chapeaux.*)		
Fontaines de fer-blanc — *Fontes de agoa*	*Idem*	2,800.
Fontaines de fer-blanc — *Lavatorios* à laver les mains	*Idem*	4,800.
Fontes pour pistolets — communes, couvertes ou non	La paire	3,200.
Fontes pour pistolets — fines — en cuir ou peau garnies de plaqué ou de métal jaune	*Idem*	9,600.
Fontes pour pistolets — fines — de velours galonné	*Idem*	20,000.
Fontes pour pistolets — fines — autres	*Idem*	4,800.
Fontes pour pistolets — Pommes de métal pour bouts de)	*Idem*	320.
Fontes pour pistolets — Garnitures de fer, pour)	*Idem*	320.
Formes — *Cunho* de boutonniers, gravées	La pièce	2,000.
Formes — de cordonniers — *Cabidos* de bois pour bottes et souliers	*Idem*	8,000.
Formes — de cordonniers — *Formas* — pour bottes	*Idem*	1,500.
Formes — de cordonniers — *Formas* — autres	*Idem*	320.
Formes — pour chapeaux, en bois	*Idem*	1,200.

MARCHANDISES.	UNITÉS.	ÉVALUATIONS
		Reis.
Fouets... *Assoites*	La pièce	2,400.
Fouets... *Bengalas* avec *acoite*	*Idem*	3,200.
Fouets... *Chicotes*... de cabriolet avec *acoite*	*Idem*	1,600.
Fouets... *Chicotes*... de selle	La douzaine	5,000.
Fourches de fer... *Forcados*	*Idem*	200.
Fourches de fer... *Garfos* grandes pour charbon	*Idem*	320.
Fourchettes... à découper... à manches d'ivoire	*Idem*	800.
Fourchettes... à découper... autres	*Idem*	300.
Fourchettes... pour salade, à manche d'ivoire	*Idem*	1,280.
Fourchettes... autres... de bois, avec cuiller	La paire	60.
Fourchettes... autres... de corne	La douzaine	180.
Fourchettes... autres... d'ivoire	La pièce	200.
Fourchettes... autres... de fer... étamé	La grosse	3,840.
Fourchettes... autres... de fer... pour cuisine	La pièce	160.
Fourchettes... autres... de fer... autres	La grosse	3,840.
Fourchettes... autres... de laiton	La douzaine	600.
Fourchettes... autres... de plaqué	*Idem*	2,400.
Fourchettes... autres... de toutenague	La grosse	4,400.
Fourchettes... autres... autres, avec manches de bois, corne, fer, os	La douzaine	700.
Fourneaux de fer-blanc vernis	La pièce	48
Fourreaux... de baïonnettes	*Idem*	240.
Fourreaux... de couteaux, de cuir	*Idem*	60.
Fourreaux... d'épées... de cuir	*Idem*	1,000.
Fourreaux... d'épées... de fer	*Idem*	1,200.
Fourreaux... d'épées... de peau de chagrin	*Idem*	2,000.
Fourreaux... de sabres... de cuir	La douzaine	640.
Fourreaux... de sabres... de fer	La pièce	1,100.
Fourreaux... de sabres... (Bouts de) en fer	La douzaine	480.
Fraisier	La livre	200.
Franges... de coton... de 1 1/2 pouces de large	La vare	60.
Franges... de coton... de 1 1/2 à 3 *idem*	*Idem*	160.
Franges... de coton... de plus de 3 *idem*	*Idem*	400.
Franges... de fil. (*Comme de coton.*)		
Franges... de laine... pure... jusqu'à 2 pouces de large	*Idem*	100.
Franges... de laine... pure... de plus de 2 pouces de large	*Idem*	240.
Franges... de laine... mélangé de soie	*Idem*	320.
Franges... d'or ou d'argent fins	L'once	2,000.
Franges... de soie... de 3 pouces de large	La vare	500.
Franges... de soie... de plus de 3 pouces de large	*Idem*	1,280.
Fromages... de Hollande	La livre	150.
Fromages... autres	*Idem*	220.
Froment. (V. *Grains.*)		
Fruits... en cire... en paniers	La pièce	1,200.
Fruits... en cire... pour nécessaires de couture	*Idem*	1,600.
Fruits... en cire... autres	*Idem*	40.
Fruits... en pierre	*Idem*	100.
Fumeterre. (*Fumaria* et *Molarinha*)	La livre	240.
Fuseaux à dentelle	La douzaine	50.
Fusils... de calibre	La pièce	3,000.
Fusils... de chasse... communs	*Idem*	3,000.
Fusils... de chasse... fins... à 2 coups	*Idem*	10,000
Fusils... de chasse... fins... simples	*Idem*	6,000

MARCHANDISES.	UNITÉS.	ÉVALUATIONS.
		Reis.
Fusils (*suite*), d'enfans, en bois ou à canon de fer-blanc	La pièce	320.
Fusils (*suite*), (Baguettes de) en baleine	*Idem*	600.
Fusils (*suite*), (Baïonnettes de). (V. *ce mot.*)		
Fusils (*suite*), (Broches de)	*Idem*	320.
Fusils (*suite*), (Canons de)	*Idem*	1,000.
Fusils (*suite*), (Courroies de)	*Idem*	500.
Fusils (*suite*), (Crosses de) en bois	*Idem*	960.
Fusils (*suite*), (Platines de). (V. *Platines.*)		
Fusils à aiguiser les scies	*Idem*	200.
Futailles en douves. (V. *Douves.*)		
Galhardetes pour embarcations	La paire	2,400.
Galanga	La livre	600.
Galbanum	*Idem*	800.
Galega	*Idem*	600.
Galle (Noix de)	L'arrobe	9,600.
Galoches	La paire	1,200.
Galons, d'argent, faux, tissus sur coton et lin, de 1/2 pouce de large	La vare	80.
Galons, d'argent, faux, tissus sur coton et lin, de 1 *idem*	*Idem*	120.
Galons, d'argent, faux, tissus sur coton et lin, de 1 1/2 *idem*	*Idem*	160.
Galons, d'argent, faux, tissus sur coton et lin, de plus de 1 1/2 *idem*	*Idem*	200.
Galons, d'argent, fin	L'once	2,000.
Galons, d'argent, mi-fin, français ou façon française, pour garnitures de voitures, étroits pour bords	La vare	140.
Galons, d'argent, mi-fin, français ou façon française, pour garnitures de voitures, larges	*Idem*	800.
Galons, d'argent, mi-fin, français ou façon française, autres, jusqu'à 1/2 pouc. de larg.	*Idem*	400.
Galons, d'argent, mi-fin, français ou façon française, autres, de 1 *idem*	*Idem*	800.
Galons, d'argent, mi-fin, français ou façon française, autres, de 1 1/2 *idem*	*Idem*	1,200.
Galons, d'argent, mi-fin, français ou façon française, autres, de plus de 1 1/2 *idem*	*Idem*	1,400.
Galons, d'argent, mi-fin, autres, tissus sur soie moulinée, jusqu'à 1/2 pouc. de larg.	*Idem*	160.
Galons, d'argent, mi-fin, autres, tissus sur soie moulinée, de 1 *idem*	*Idem*	200.
Galons, d'argent, mi-fin, autres, tissus sur soie moulinée, de 1 1/2 *idem*	*Idem*	280.
Galons, d'argent, mi-fin, autres, tissus sur soie moulinée, de plus de 1 1/2 *idem*	*Idem*	320.
Galons, de coton, pur, à border, noir jusqu'à 1/2 po. en pièce de 25 à 30 var.	La pièce	150.
Galons, de coton, pur, à border, peint ou tissu, jusqu'à 3/4 po. de large.	La vare	15.
Galons, de coton, pur, à border, peint ou tissu, de 3/4 à 1 po. *idem*	*Idem*	25.
Galons, de coton, pur, pour tirans de bottes, en pièces de 25 vares	La pièce	650.
Galons, de coton, pur, autres, unis ou rayés, en paquets de 12 pièces de 12 vares. *Nota.* Pour les pièces de galons unis ou rayés ayant plus de 12 vares, l'évaluation sera proportionnelle à celle ci-dessus.	Le paquet	640.
Galons, de coton, mélangé, de laine en paquets de 12 pièces de 25 vares à la pièce, de 1/2 po. de large	Le paquet	1,600.
Galons, de coton, mélangé, de laine en paquets de 12 pièces de 25 vares à la pièce, de plus de 1/2 po. *idem.*	*Idem*	3,200.
Galons, de coton, mélangé, de soie pour ornemens d'église, jusqu'à 1/2 po. de large.	La vare	60.
Galons, de coton, mélangé, de soie pour ornemens d'église, de 1/2 à 1 po. *idem*	*Idem*	120.
Galons, de coton, mélangé, de soie pour ornemens d'église, de plus de 1 po. *idem*	*Idem*	160.
Galons, de laine, pure en pièces de 25 à 30 vares, jusqu'à 1/2 po. de large.	La pièce	200.
Galons, de laine, pure en pièces de 25 à 30 vares, de plus de 1/2 po. *idem.*	*Idem*	640.
Galons, de laine, mélangée, de coton, de lin (*Comme de coton et de lin mélangé de laine.*)		
Galons, de lin, pur, pour tirans de bottes. (*Comme de coton.*)		
Galons, de lin, pur, autres, unis ou rayés, en paquets de 12 pièces de 12 vares. (Même observation que pour ceux de coton.)	Le paquet	1,120.
Galons, de lin, mélangé. (*Comme de coton.*)		

MARCHANDISES.					UNITÉS.	ÉVALUATIONS.
						Reis.
Galons (*Suite*).	d'or. (*Comme d'argent*)					
	de soie	pour border	étroits		La vare	20.
			larges		*Idem*	40.
		pour ornemens	d'église, jusqu'à 3/4 de pouce de largeur		*Idem*	120.
			autres	jusqu'à 1/2 pouce de largeur	*Idem*	80.
				jusqu'à 3/4 *idem*	*Idem*	120.
				jusqu'à 1 *idem*	*Idem*	140.
				jusqu'à 1 1/4 *idem*	*Idem*	170.
				jusqu'à 1 1/2 *idem*	*Idem*	200.
				autres	*Idem*	240.
Ganses	de chapeau, en métal				La pièce	4,000.
	autres	d'argent ou d'or	bouillonnées		*Idem*	3,600.
			autres de *reguiffé*		*Idem*	800.
		de soie	avec *cachos*		La pièce	200.
			autre moulinée		*Idem*	200.
Gants	de coton	de percale	courts		La douzaine	2,400.
			longs		*Idem*	4,000.
		de tricot			*Idem*	1,600.
		de tulle			*Idem*	1,800.
	de laine				*Idem*	2,600.
	de lin	de batiste	courts		*Idem*	4,800.
			longs		*Idem*	8,000.
		de tricot			*Idem*	3,200.
	de peau	de chamois	courts		*Idem*	3,000.
			longs		*Idem*	4,800.
		de castor ou de daim	courts		*Idem*	4,800.
			longs		*Idem*	6,000.
		de pellica	courts		*Idem*	2.400.
			longs		*Idem*	3,840.
	de soie	de tricot	courts		*Idem*	4,800.
			longs		*Idem*	9,600.
		de tulle	brodés		*Idem*	6,000.
			unis		*Idem*	4,8[illegible]0.
	autres pour nettoyer les animaux				*Idem*	600.
Garance					La livre	160.
Garde-feux					La pièce	10,000
Garde-robes. (V. *Armoires*).						
Garnitures (Modes).	de coton	*Entremeyos* (Entre-deux pour robes)	de 1 pouce de large		La vare	400.
			de 1 1/2 *idem*		*Idem*	500.
			de 2 *idem*		*Idem*	600.
			de 2 1/2 *idem*		*Idem*	700.
			de 3 *idem*		*Idem*	800.
		Guarniçoes	de mousseline	fine, brodée	La pièce	3,200.
				autre, unie	*Idem*	2,400.
			de tulle de coton		*Idem*	3.200.
	de fleurs	de plumes	*Guarniçoes*		*Idem*	6,400.
			Grinaldas		*Idem*	1,600.
		autres			*Idem*	6,400.
	de lin-batiste (Entre-deux) 40 p. o/o de plus que ceux de coton.					
	de plumes pour chapeaux de cour				La pièce	9,600.

MARCHANDISES.	UNITÉS.	ÉVALUATIONS.
		Reis.
Garnitures (Modes), (*Suite*). — de soie — de cordonnet ou floche	La pièce	200.
Garnitures — de soie — de peluche jusqu'à 5 doigts de large, pour robes de femmes	*Idem*	3,200.
Garnitures — de soie — de tulle — brodé — en argent ou or faux en pièces	*Idem*	2,400.
Garnitures — de soie — de tulle — brodé — en paille de 3 doigts de large pour robes	La vare	320.
Garnitures — de soie — de tulle — autre	La pièce	6,400.
Garnitures — de soie — autre appliquée	*Idem*	4,800.
Garnitures — autres — de gaze — commune	*Idem*	3,200.
Garnitures — autres — de gaze — fine	*Idem*	4,800.
Garnitures — autres — de rubans et chenille	*Idem*	1,000.
Garnitures — autres — autres communes — avec fleurs	*Idem*	4,800.
Garnitures — autres — autres communes — sans fleurs	*Idem*	3,200.
Garrunxas de bois ou de fer	*Idem*	20.
Gaze. (V. *Tissus.*)		
Genièvre — en flacons ou bouteilles jusqu'à 1/4 *quartilho*	Les 12 bouteill.	2,400.
Genièvre — en pipes de 180 mesures	La pipe	85,000.
Gentiane	La livre	160.
Germandrée — *Chamædrys*	*Idem*	240.
Germandrée — *Scordium*	*Idem*	16[illegible]
Gibecières pour chasseurs	La pièce	600.
Gibernes — de cuir, pour soldats, avec cartouches	*Idem*	1,400.
Gibernes — de laiton	*Idem*	400.
Gibernes — avec ceinturons, pour soldats	*Idem*	1,700.
Gibernes — (Courroies de), en cuir tanné — blanc	*Idem*	600.
Gibernes — (Courroies de), en cuir tanné — autre	*Idem*	300.
Gilets — de coton — *Colletes* — de nankin bleu	*Idem*	800.
Gilets — de coton — *Colletes* — de piqué	*Idem*	1,800.
Gilets — de coton — *Colletes* — de velours	*Idem*	4,000.
Gilets — de coton — *Colletes* — autres	*Idem*	1,800.
Gilets — de coton — *Jalecos* — d'indienne	*Idem*	600.
Gilets — de coton — *Jalecos* — autres brodés	*Idem*	3,200.
Gilets — de chamois	*Idem*	2,400.
Gilets — de cuir	*Idem*	4,000.
Gilets — de laine — de flanelle	*Idem*	600.
Gilets — de laine — de futaine	*Idem*	1,800.
Gilets — de laine — autres	*Idem*	2,400.
Gilets — de lin. (Comme *Colletes* de coton, *autres.*)		
Gilets — de soie — *Colletes* — de tricot pour mettre sous la chemise	La pièce	6,000.
Gilets — de soie — *Colletes* — de velours	*Idem*	4,000.
Gilets — de soie — *Colletes* — autres	*Idem*	2,400.
Gilets — de soie — *Jalecos* brodés d'argent, d'or ou de soie	*Idem*	6,400.
Gilets — de soie — *Vestes* — brodées — d'arg.t ou d'or — riches	*Idem*	19,200.
Gilets — de soie — *Vestes* — brodées — d'arg.t ou d'or — moins riches	*Idem*	9,600.
Gilets — de soie — *Vestes* — brodées — de soie — riches	*Idem*	12,800.
Gilets — de soie — *Vestes* — brodées — de soie — moins riches	*Idem*	4,[illegible]00.
Gilets — de soie — *Vestes* — unies	*Idem*	2,000.
Gilets — (Devants de) — de Cachemire	La paire	8,000.
Gilets — (Devants de) — de satin brodé en argent ou en couleur	La pièce	10,000.
Gilets — (Devants de) — de velours imprimé	*Idem*	1,600.
Gimblettes. (Comme *Biscuits-Bolacha.*)		
Girofle. (V. *Clous de Girofle.*)		

MARCHANDISES.				UNITÉS.	ÉVALUATIONS.
					Reis.
Glands	de *canotilho* pour chapeaux			La paire	4,000.
	d'hermine			La pièce	1,000.
	de laine, de courroies pour laquais (V. *Courroies*).				
	d'or ou d'argent faux, petits			*Idem*	160.
	de soie	pure, pour cordons d'ameublement		*Idem*	640.
		mélangée d'or et d'argent fins, avec ou sans cordons		*Idem*	640.
Glu				La livre	320.
Gobelets	de fer-blanc avec couvercles	vernis		La pièce	240.
		autres		*Idem*	100.
	de plaqué			L'assortim. de 6	1,600.
Gomme	adragant			La livre	800.
	ammoniaque			*Idem*	600.
	arabique			L'arrobe	6,400.
	d'assa fetida			La livre	600.
	d'aulnée			*Idem*	120.
	de bdellium			*Idem*	800.
	de cajou			L'arrobe	4,000.
	de caragne			La livre	240.
	copale			*Idem*	240.
	de froment			*Idem*	160.
	de gaïac			*Idem*	800.
	de *grava*			*Idem*	400.
	gutte			*Idem*	1,200.
	Jatuba			*Idem*	240.
	de kino			*Idem*	2,400.
	Laque			*Idem*	600.
	de lierre et de hèdre			*Idem*	960.
	de myrrhe			*Idem*	640.
	Opoponax			*Idem*	800.
	de poisson			*Idem*	1,600.
	Rom			*Idem*	1,200.
	Sagapenum			*Idem*	960.
	Sarcocolle			*Idem*	800.
	de storax calamite			*Idem*	600.
	Tacamahaca			*Idem*	600.
Gonds	*Dobradiças*	pour voitures, *carruagens, seges*		La pièce	480.
		autres	de fer	*Idem*	65.
			du laiton	*Idem*	100.
			de plaqué	*Idem*	150.
	Engonços	pour caisses		La douzaine	120.
		pour voitures		La pièce	480.
	Lemes	de fenêtres		*Idem*	120.
		de portes	cochères	*Idem*	800.
			autres	*Idem*	200.
Goudron				Le baril	3,000.
Gouges	montées en bois			La pièce	160.
	(Fers de)			La douzaine	1,200.
Gourmettes	en fer			La pièce	200.
	en plaqué			*Idem*	300.
Graines	d'Alexandrie			La livre	400.
	de *bisnaga*			*Idem*	600.
	de carthame			*Idem*	600.
	de chardon saint			*Idem*	600.

MARCHANDISES.			UNITÉS.	ÉVALUATIONS.
				Reis.
Graines (*Suite.*)	de *coca*		La livre	300.
	de fenu-grec (Trigonelle)		*Idem*	200.
	de genestrolle		*Idem*	400.
	de genièvre		*Idem*	200.
	d'herbe	aux poux	*Idem*	320.
		aux puces	*Idem*	400.
	de jusquiame		*Idem*	500.
	de légumes non dénommés		*Idem*	160.
	de mauve		*Idem*	320.
	de millet. (V. *Alpiste.*)			
	d'oignon		*Idem*	1,000.
	d'ortie		*Idem*	400.
Grains	Froment	Farine	L'arrobe	1,000.
		Grains	L'alqueire	1,200.
	Orge	perlé, mondé	L'arrobe	1,800.
		autre	L'alqueire	1,000.
	Seigle		*Idem*	800.
	(Criblures de)		*Idem*	600.
Grains	dorés en paquets de 100 fils		Le paquet	1,000.
	de verre. (V. *Verroterie.*)			
Graisses	*Graxia*		L'arrobe	1,500.
	Unto de porc		*Idem*	1,000.
Grappins de fer			La livre	80.
Grelots			La grosse	640.
Grenats en paquets de 40 fils			Le paquet	200.
Grils de fer pour rôtir du pain			La pièce	200.
Guêtres	de cuir		La paire	2,400.
	de drap		*Idem*	1,600.
	de toile de coton ou de fil		*Idem*	600.
Guillaumes (Fers de)			La douzaine	600.
Guimauve			L'arrobe	2,400.
Guimbardes			La grosse	1,200.
Guirlandes	de fleurs (V. *Fleurs.*)			
	autres		Le gros	600.
Guitares	*Banduras*		La pièce	1,200.
	Guitaras		*Idem*	3,000.
	Machetes pour enfans		*Idem*	160.
	Violas	marquetées	*Idem*	3,200.
		vernies, d'accompagnemens	*Idem*	6,000.
		autres — ordinaires	*Idem*	1,000.
		autres — plus petites	*Idem*	400.
		(Couvercles et côtés de)	*Idem*	200.
Habillemens et effets à usage.	*Casacas*	fins	*Idem*	24,000.
		ordinaires	*Idem*	12,000.
		(*Intertelas* de carton pour)	La grosse	8,000.
	Casaquinas de cheval pour femmes	avec brandebourgs et autres ornemens	La pièce	32,000.
		autres unis	*Idem*	25,000.
	Chemises... Culottes... Pantalons...	(V. *ces mots.*)		
	Vestias de satin (en coupons) brodé d'argent, d'or ou *matiz*		*Idem*	10,000.
	Vestidos de cour en coupons	de satin	*Idem*	51,200.
		de velours	*Idem*	64,000.
		(Collets de) brodés	*Idem*	12,000.

MARCHANDISES.	UNITÉS.	ÉVALUATIONS.
		Reis.
Haches… grandes	La pièce	320.
Haches… petites	La douzaine	1,920.
Hallebardes (Fers de)	La pièce	1,200.
Hamacs ou rets de Saint-Paul, de coton… blancs	*Idem*	3,000.
Hamacs ou rets de Saint-Paul, de coton… de couleur	*Idem*	4,000.
Hameçons assortis	1000 en nombre	1,200.
Harengs en petits barils	Le baril	1,600.
Haricots	L'alqueire	1,200.
Harnais… pour 1 cheval… de cabriolet… communs	La pièce	20,000.
Harnais… pour 1 cheval… de cabriolet… riches	*Idem*	25,600.
Harnais… pour 1 cheval… de charrette	*Idem*	10,000.
Harnais… pour 1 cheval… de selle	*Idem*	2,000.
Harnais… pour 2 chevaux de voiture… communs	*Idem*	40,000.
Harnais… pour 2 chevaux de voiture… fins	*Idem*	80,000.
Harnais… (Ornemens de) plaqués (*Enfeites*)… jusqu'à 2 pouces	La douzaine	1,400.
Harnais… (Ornemens de) plaqués (*Enfeites*)… de plus de 2 *idem*	*Idem*	5,000.
Nota. Tous les harnais de cuivre jaune de selle ou de voiture, sont évalués 10 p. o/o de moins que ceux de plaqué.		
Harpes… communes	La pièce	150,000.
Harpes… ornées	*Idem*	300,000.
Herbes… *crina*	La livre	240.
Herbes… *gratiâ dei*	*Idem*	320.
Herbes… aux poux	*Idem*	400.
Herbes… *succina*	*Idem*	240.
Herbes… *de 7 sangrias*	*Idem*	200.
Herbes… *terrestre*	*Idem*	160.
Herminettes (*Cabrestos* de fer pour)	La pièce	400.
Hêtre (Planches de) pour fourreaux de sabres	La douzaine	240.
Housses… de cuir avec glands	La pièce	1,200.
Housses… de drap… commun, brodé… en laine	*Idem*	2,400.
Housses… de drap… commun, brodé… en soie avec glands	*Idem*	4,000.
Housses… de drap… fin, brodé	*Idem*	19,200.
Housses… de peau… d'ours, avec glands sans garnitures	*Idem*	7,200.
Housses… de peau… autre fine	*Idem*	4,000.
Housses… de velours brodé en argent ou or, avec glands	*Idem*	72,000.
Huiles… d'absinthe essentielle	La livre	6,000.
Huiles… d'amandes… amères	*Idem*	480.
Huiles… d'amandes… douces	*Idem*	400.
Huiles… d'ambre	*Idem*	1,200.
Huiles… d'anis essentielle	*Idem*	4,000.
Huiles… d'*aparicio*	*Idem*	400.
Huiles… de baies… de laurier	*Idem*	400.
Huiles… de baies… de myrte	*Idem*	640.
Huiles… de bergamote	*Idem*	4,000.
Huiles… de bois saint. (V. *de gaïac.*)		
Huiles… de briques	*Idem*	1,200.
Huiles… de buis	*Idem*	480.
Huiles… de cacao	*Idem*	1,920.
Huiles… de camomille	*Idem*	640.
Huiles… de cannelle essentielle	*Idem*	8,000.
Huiles… de câpres	*Idem*	640.
Huiles… de cavale en pipes de 180 mesures	La pipe	25,000.

MARCHANDISES.	UNITÉS.	ÉVALUATIONS.
		Reis.
Huiles (*Suite*). de chien	La livre	400.
de ciguë	*Idem*	640.
de cire	*Idem*	2,400.
de clous de girofle	*Idem*	8,000.
confortative	*Idem*	1,600.
de copahu	*Idem*	160.
de crapaud	*Idem*	400.
de cumin essentielle	*Idem*	4,000.
de Dipel essentielle	*Idem*	3,840.
douce en pipes contenant jusqu'à 180 mesures	La pipe	110,000.
d'écorce — de limon essentielle	La livre	4,000.
d'écorce — d'orange essentielle	*Idem*	4,000.
de fenouil essentielle	*Idem*	4,000.
de gaïac essentielle	L'once	600.
de genièvre distillée	La livre	1,600.
de gingembre distillée	*Idem*	1,600.
de graine de lin	*Idem*	120.
du grand duc de Florence	*Idem*	1,600.
d'herbe du Paraguay (*Mate*)	*Idem*	640.
humaine	*Idem*	1,200.
de jasmin	L'once	1,200.
de lavande	La livre	600.
de lis	*Idem*	640.
de loup marin en pipes de 180 mesures	La pipe	36,000.
de *mamono idem*	*Idem*	60,000.
de *maricatao*	La livre	600.
de menthe — commune essentielle	*Idem*	12,000.
de menthe — poivrée essentielle	*Idem*	12,000.
de moëlle	*Idem*	640.
de nénufar	*Idem*	640.
de noix — communes	*Idem*	400.
de noix — muscades — essentielle	*Idem*	8,000.
de noix — muscades — autre	*Idem*	6,000.
d'or	L'once	3,000.
d'origan essentielle	La livre	3,200.
de palme en pipes de 180 mesures	La pipe	60,000.
de pétrole	La livre	1,200.
de pistache en pipes de 180 mesures	La pipe	60,000.
de poisson — en pipes de 180 mesures	*Idem*	36,000.
de poisson — autre	La livre	640.
de pouliot essentielle	*Idem*	4,000.
de renard	*Idem*	640.
de ricin — *por cozimento*	*Idem*	120.
de ricin — *expresso*	*Idem*	600.
de romarin — *Alecrim* distillée	*Idem*	6,000.
de romarin — *Rosmarino* essentielle	*Idem*	6,000.
de roses	*Idem*	400.
de rue	*Idem*	640.
de sabine volatile	*Idem*	1,600.
de sassafras essentielle	*Idem*	8,000.
de sauge essentielle	*Idem*	3,200.
de savon	*Idem*	2,400.
de scorpion	*Idem*	640.
de spermaceti en pipes de 180 mesures	La pipe	36,000.
de succin	La livre	640.

MARCHANDISES.	UNITÉS.	ÉVALUATIONS.
		Reis.
Huiles (*Suite*). de tanaisie volatile	La livre	8,000.
de térébenthine	*Idem*	480.
de thym essentielle	*Idem*	3,200.
de *tijolo*	*Idem*	1,200.
de *vacas loras*	*Idem*	400.
de vers de terre	*Idem*	640.
de violette	*Idem*	640.
de vipères	*Idem*	1,200.
de vitriol. (V. *Acide sulfurique.*)		
Huiliers en étain avec plateaux	La paire	500.
Huiliers autres	La pièce	1,000.
Hyacinthe préparée	La livre	1,200.
Hysope	*Idem*	240.
Images de saints	100 en nombre	1,000.
Indiennes. (V. *Tissus.*)		
Indigo de Caraccas, de l'Inde, du Mexique	La livre	1,200.
Insectes (Boites d') grandes	La boite	3,000.
moyennes	*Idem*	1,500.
petites	*Idem*	1,000.
autres	*Idem*	2,000.
Instrumens et outils. *Aparelhos* à nettoyer les bestiaux	La pièce	480.
Desastadores d'acier, cuivre, pierre ou verre	*Idem*	800.
Ferros à nettoyer les figures en plâtre	*Idem*	160.
Ferros à nettoyer les lampes	*Idem*	200.
Ferros à *plantar capim*	*Idem*	400.
Ferros pour tonneliers	*Idem*	1,800.
Instrumentos de chirurgie avec étuis ordinaires	L'étui	6,400.
Ipécacuanha en poudre	La livre	1,920.
en racines	*Idem*	600.
Iris de Florence	*Idem*	320.
violet	*Idem*	120.
Ivette arthritique	*Idem*	400.
Ivoire brut	*Idem*	560.
Ivoire ouvré (Couteaux d') (V. *Spatules.*) (Figures d') (V. *Figures.*)		
(Rapures d')	*Idem*	400.
Jabots pour chemises. (V. *Chemises.*)		
Jais (Bandeaux et ceintures de perles de)	La pièce	800.
autre en paquets	Le paquet	80.
Jalap	La livre	480.
Jambons	L'arrobe	3,200.
Jarretières élastiques, brodées ou peintes	La douzaine	3,840.
autres de soie	*Idem*	1,200.
Jattes *Gamelas* de l'Inde en bois peint	*Idem*	800.
Gamelas autres de bois, brutes, de 4 au *terno*	Le *terno*	1,200.
Tigelas de plaqué	La pièce	6,000.

MARCHANDISES.	UNITÉS.	ÉVALUATIONS.
		Reis.
Jaune vif de toute sorte	La livre	480.
Jeux — de bagatelle avec accessoires	La pièce	12,000.
Jeux — de dames	*Idem*	3,200.
Jeux — de dominos — en ivoire	*Idem*	1,600.
Jeux — de dominos — en os	*Idem*	300.
Jeux — d'échecs — en ivoire	*Idem*	24,000.
Jeux — d'échecs — autres	*Idem*	4,000.
Jeux — de trictrac	*Idem*	4,000.
Jeux — autres d'enfans	*Idem*	400.
Jonc — aromatique. (V. *Schénante.*)		
Jonc — autre — pour cannes. (V. *Cannes.*)		
Jonc — autre — (Paille de) pour chaises	La livre	800.
Journaux de marine	La rame	4,000.
Jujubes	La livre	400.
Jupons de flanelle en coupons	Le coupon	1,000.
Jus de réglisse. (V. *Réglisse.*)		
Jusquiame. (*Racines et tiges de*)	La livre	240.
Kermès — minéral	L'once	160.
Kermès — végétal — en grains	La livre	640.
Kermès — végétal — autre	L'once	120.
Kermès — (Sirop de)	La livre	600.
Labdanum d'Estevas	*Idem*	480.
Laine — de Cachemire	*Idem*	4,000.
Laine — de vigogne	L'arrobe	16,000.
Laine — autre — pour matelas	*Idem*	2,000.
Laine — autre — autre grosse torse	La livre	1,400.
Lait de soufre. (V. *Soufre.*)		
Laiton — en bassins finis ou non	*Idem*	360.
Laiton — en fers de bottes	La paire	60.
Laiton — en plaques	La livre	300.
Laiton — de Pologne	*Idem*	1,000.
Laiton — (Fil de) (V. *Fils métalliques.*)		
Lames — de couteaux — de chasse	La pièce	200.
Lames — de couteaux — autres en fer	La douzaine	1,200.
Lames — de fleurets	La pièce	200.
Lames — de poignards ou sabres de marine	*Idem*	400.
Lames — de sabres — communes	*Idem*	440.
Lames — de sabres — fines	*Idem*	2,000.
Lames — de scie à ressort jusqu'à 1 palme	*Idem*	120.
Laminoirs de fer avec accessoires	*Idem*	200,000.
Lampes — *Alampada* de laiton — grandes pour églises	*Idem*	9,600.
Lampes — *Alampada* de laiton — autres pour chapelles	*Idem*	4,800.
Lampes — *Candeias* — de fer	La douzaine	1,000.
Lampes — *Candeias* — de fer-blanc	*Idem*	600.
Lampes — *Candeias* — de laiton	*Idem*	1,600.
Lampes — *Candieiros* — pour escalier — de fer-blanc vernis, à verre	La pièce	2,000.
Lampes — *Candieiros* — pour escalier — de métal — à pompe	*Idem*	5,000.
Lampes — *Candieiros* — pour escalier — de métal — autres	*Idem*	4,000.
Lampes — *Candieiros* — d'habitacle de navire	*Idem*	3,200.

MARCHANDISES.	UNITÉS.	ÉVALUATIONS.
		Reis.
Lampes (Suite.) — *Candieiros* (*Suite*). — de table en métal doré — avec globe... — jusqu'à 18 pouces de haut	La pièce	12,000.
Lampes — Candieiros — de table en métal doré — avec globe — de plus de 18 *idem*	*Idem*	16,000.
Lampes — Candieiros — de table en métal doré — sans globe... — jusqu'à 18 *idem*	*Idem*	9,600.
Lampes — Candieiros — de table en métal doré — sans globe — de plus de 18 *idem*	*Idem*	13,000.
Lampes — Candieiros — autres — de fer-blanc — vernies, dites *Quinquit*, avec ou sans verre et godet — grandes de 2 palmes et au-dessus avec accessoires	*Idem*	6,400.
Lampes — Candieiros — autres — de fer-blanc — vernies — moyennes 2 palmes	*Idem*	4,000.
Lampes — Candieiros — autres — de fer-blanc — vernies — petites jusqu'à 1 1/2 palm	*Idem*	1,600.
Lampes — Candieiros — autres — de fer-blanc — non vernies	*Idem*	600.
Lampes — Candieiros — autres — de laiton — à 1 bec	*Idem*	1,000.
Lampes — Candieiros — autres — de laiton — à 2 becs	*Idem*	1,200.
Lampes — Candieiros — autres — de laiton — à 3 *idem*	*Idem*	1,600.
Lampes — Candieiros — autres — de laiton — à 4 *idem*	*Idem*	2,400.
Lampes — Candieiros — autres — de plaqué avec accessoires — grandes	*Idem*	20,000.
Lampes — Candieiros — autres — de plaqué avec accessoires — moyennes	*Idem*	14,000.
Lampes — Candieiros — autres — de plaqué avec accessoires — petites	*Idem*	10,000.
Lampes — *Lampiao* — de fer-blanc pour accompagner la nuit, pour cour	*Idem*	3,200.
Lampes — *Lampiao* — de métal pour cour, escalier, à 3 ou 4 verres	*Idem*	7,000.
Lampes — *Lampiao* — de chapelle d'enfans, en plomb	La douzaine	360.
Lampes — *Lampioes* — pour lire — de fer-blanc	La pièce	2,000.
Lampes — *Lampioes* — pour lire — de métal	*Idem*	4,000.
Lampes — *Lampioes* — pour lire — de plaqué	*Idem*	10,000.
Lampes — *Lampioes* — de plafond avec ou sans globe — en métal doré — communes	*Idem*	14,000.
Lampes — *Lampioes* — de plafond avec ou sans globe — en métal doré — fines	*Idem*	40,000.
Lampes — *Lampioes* — de plafond avec ou sans globe — autres	*Idem*	7,200.
Lampes — *Lampioes* — autres — de bronze doré	*Idem*	40,000.
Lampes — *Lampioes* — autres — de plaqué, fines	*Idem*	50,000.
Lampes — *Lampioes* — autres — de verre — blanc à colonne de verre et pied doré — jusqu'à 18 pouces de haut	*Idem*	25,000.
Lampes — *Lampioes* — autres — de verre — blanc à colonne de verre et pied doré — de plus de 18 pouces de haut	*Idem*	32,000.
Lampes — *Lampioes* — autres — de verre — commun — jusqu'à 18 pouces de haut	*Idem*	12,000.
Lampes — *Lampioes* — autres — de verre — commun — de plus de 18 pouces de haut	*Idem*	16,000.
Lancettes — à manches — de corne	La douzaine	600.
Lancettes — à manches — d'écaille	*Idem*	1,200.
Lancettes — avec étuis renfermant — 2 lancettes	*Idem*	240.
Lancettes — avec étuis renfermant — 4 ou 6 *idem*	*Idem*	320.
Lancettes — autres, *dites* flammes, pour saigner les animaux	*Idem*	2,000.
Langues salées ou sèches	L'arrobe	1,600.
Lanternes — magiques — sans tableaux	La pièce	2,000.
Lanternes — magiques — (Tableaux de)	*Idem*	160.
Lanternes — de voitures — plaquées — communes	La paire	6,400.
Lanternes — de voitures — plaquées — fines	*Idem*	10,000.
Lanternes — de voitures — vernies	*Idem*	3,200.
Lanternes — autres — sourdes	La pièce	1,600.
Lanternes — autres — autres — de plus de 1 palme	*Idem*	1,000.
Lanternes — autres — autres — autres	La douzaine	3,840.
Lanternes — (Supports de)	*Idem*	5,200.
Lard	L'arrobe	1,280.

MARCHANDISES.	UNITÉS.	ÉVALUATIONS.
		Reis.
Lattes. (V. *Bois.*)		
Laudanum... liquide	La livre......	6,400.
Laudanum... opiacé	*Idem*........	12,800.
Laurier fleuri	*Idem*........	60.
Lavabos et accessoires...... avec miroirs	La pièce......	16,000.
Lavabos et accessoires...... sans miroirs	*Idem*........	12,000.
Lavande	L'arrobe......	1,800.
Legras de fer pour chirurgie	La pièce......	400.
Lie de vin	La livre......	50.
Liège. (Bouchons de)...... garnis en plaqué ou autre métal	La douzaine...	800.
Liège. (Bouchons de)...... autres	La grosse.....	200.
Lignes de pêche........... de *Ticum*.... grosses	La pièce......	100.
Lignes de pêche........... de *Ticum*.... autres	*Idem*........	50.
Lignes de pêche........... autres...... grandes	*Idem*........	300
Lignes de pêche........... autres...... autres	*Idem*........	200.
Limaçons de mer (Coquilles de)	La livre......	200.
Limes...... *Limas*...... jusqu'à 5 pouces	La douzaine...	500.
Limes...... *Limas*...... de 5 1/2 à 9 *idem*	*Idem*........	1,000.
Limes...... *Limas*...... de 9 1/2 à 14 *idem*	*Idem*........	2,400.
Limes...... *Travadeiras* à faire les dents de scie.......... de long	La pièce......	1,600.
Limes...... *Travadeiras* à faire les dents de scie.......... à main	*Idem*........	900.
Lin brut	La livre......	60.
Linons. (V. *Tissus.*)		
Liqueur anodine	*Idem*........	1,280.
Liqueurs en bouteilles, contenant jusqu'à 1 *quartilho* (y compris la bouteille)	Les 12 bouteil.es	4,800.
Lits........ de bambou, ou façon bambou. grands	La pièce......	32,000.
Lits........ de bambou, ou façon bambou. petits	*Idem*........	20,000.
Lits........ de bois...... communs... étroits	*Idem*........	30,000.
Lits........ de bois...... communs... larges	*Idem*........	60,000.
Lits........ de bois...... communs... peints	*Idem*........	12,000.
Lits........ de bois...... autres que communs........ étroits	*Idem*........	60,000.
Lits........ de bois...... autres que communs........ larges avec ornemens dorés	*Idem*........	200,000.
Lits........ de bronze ou de cuivre sans garniture. pour 1 personne	*Idem*........	32,000.
Lits........ de bronze ou de cuivre sans garniture. pour 2 personnes	*Idem*........	50,000.
Lits........ de fer sans garniture........ pour 1 personne	*Idem*........	16,000.
Lits........ de fer sans garniture........ pour 2 personnes	*Idem*........	24,000.
Lits........ autres...... de camp, en bois ou en toile	*Idem*........	6,000.
Lits........ autres...... de campagne, en caisses, avec garniture	*Idem*........	16,000.
Lits........ (Planches de) en bois ordinaire. façonnées	*Idem*........	24,000.
Lits........ (Planches de) en bois ordinaire. autres	*Idem*........	4,000.
Livres en blanc, reliés en papier. (V. *Papier.*)		
Loquets de laiton	La douzaine...	1,200.
Loupes...... avec boîte en verre	La pièce......	1,600.
Loupes...... autres	La douzaine...	4,000.
Lunettes et lorgnettes. — *Lunetas*.......... en argent	La pièce......	1,200.
Lunettes et lorgnettes. — *Lunetas*.......... en corne	*Idem*........	400.
Lunettes et lorgnettes. — *Lunetas*.......... en écaille	*Idem*........	1,200.
Lunettes et lorgnettes. — *Lunetas*.......... plaquées ou dorées	*Idem*........	1,200.

MARCHANDISES.	UNITÉS.	ÉVALUATIONS.
		Reis.
Lunettes et lorgnettes. (*Suite.*) — *Oculos* — pour rideaux de théâtre, en plaqué	La paire	2,500.
Oculos — autres — à ressort — en argent	La douzaine	19,200.
Oculos — autres — à ressort — en écaille	*Idem*	12,000.
Oculos — autres — à ressort — en métal — doré	*Idem*	12,000.
Oculos — autres — à ressort — en métal — commun	*Idem*	3,200.
Oculos — autres — à ressort — en or	*Idem*	48,000.
Oculos — autres — à ressort — en plaqué	*Idem*	12,000.
Oculos — autres — autres — argentées ou dorées	La pièce	4,800.
Oculos — autres — autres — en bois	*Idem*	1,200.
Oculos — autres — autres — en corne	La douzaine	600.
Oculos — autres — autres — en cuivre	*Idem*	600.
Oculos — autres — autres — en métal	*Idem*	600.
(Étuis de) (V. *Étuis.*)		
(Montures de) — en corne	*Idem*	600.
(Montures de) — en os	*Idem*	1,000.
(Montures de) — en plaqué	*Idem*	2,000.
Lustres — de table à pied de métal — de plaqué — jusqu'à 18 pouces	La pièce	10,000.
Lustres — de table à pied de métal — de plaqué — de plus de 18 *idem*	*Idem*	16,000.
Lustres — de table à pied de métal — de verre — blanc — jusqu'à 18 *idem*	*Idem*	20,000.
Lustres — de table à pied de métal — de verre — blanc — de plus de 18 *idem*	*Idem*	30,000.
Lustres — de table à pied de métal — de verre — commun. (*Comme de plaqué.*)		
Lustres — autres de verre — d'Allemagne — commun — jusqu'à 24 pouces	*Idem*	15,500.
Lustres — autres de verre — d'Allemagne — commun — de 24 à 35 *idem*	*Idem*	31,000.
Lustres — autres de verre — d'Allemagne — commun — de plus de 35 *idem*	*Idem*	54,000.
Lustres — autres de verre — d'Allemagne — taillé — de 18 à 24 *idem*	*Idem*	19,000.
Lustres — autres de verre — d'Allemagne — taillé — de 24 à 35 *idem*	*Idem*	39,000.
Lustres — autres de verre — d'Allemagne — taillé — de plus de 35 *idem*	*Idem*	67,000.
Lustres — autres de verre — d'Angleterre, taillé — jusqu'à 24 *idem*	*Idem*	50,000.
Lustres — autres de verre — d'Angleterre, taillé — de 24 à 35 *idem*	*Idem*	97,000.
Lustres — autres de verre — d'Angleterre, taillé — de plus de 35 *idem*	*Idem*	170,000.
Lustres — autres de verre — de France — commun — de 18 à 24 *idem*	*Idem*	19,000.
Lustres — autres de verre — de France — commun — de 24 à 35 *idem*	*Idem*	39,000.
Lustres — autres de verre — de France — commun — de plus de 35 *idem*	*Idem*	67,000.
Lustres — autres de verre — de France — taillé — jusqu'à 24 *idem*	*Idem*	25,000.
Lustres — autres de verre — de France — taillé — de 24 à 35 *idem*	*Idem*	50,000.
Lustres — autres de verre — de France — taillé — de plus de 35 *idem*	*Idem*	85,000.
Nota. Les pouces se mesurent sur la monture des lustres.		
Machines — de bois — pour faire le beurre. (V. *Barattes.*)		
Machines — de bois — pour égrainer le coton	*Idem*	10,000.
Machines — autres non dénommées au présent tarif. Elles sont évaluées comme celles dénommées.		
Macis	La livre	6,000.
Madapolams. (V. *Tissus de coton.*)		
Magnésie blanche	*Idem*	600.
Maillets — *Marretas* de fer	*Idem*	175.
Maillets — *Maletes* de calfats	La douzaine	480.
Maillets — *Manjos* de *idem*	La pièce	300.
Malaguette	*Idem*	80.

MARCHANDISES.	UNITÉS.	ÉVALUATIONS.
		Reis.
Malles, de bois peint, jusqu'à 2 palmes de long	La pièce	600.
Malles, de bois peint, de 2 à 3 *idem*	*Idem*	1,000.
Malles, de bois peint, de plus de 3 *idem*	*Idem*	2,000.
Malles, de cuir, *de catello*, de 5 à 6 *idem*	*Idem*	4,000.
Malles, de cuir, *de catello*, de moins de 5 *idem*	*Idem*	2,000.
Malles, de cuir, de *Moscovia*, jusqu'à 4 *idem*	*Idem*	3,000.
Malles, de cuir, de *Moscovia*, de 4 à 5 *idem*	*Idem*	4,000.
Malles, de cuir, de *Moscovia*, autres, grandes	*Idem*	6,000.
Malles, de fer-blanc verni	*Terno* de 3	1,600.
Malles, de tôle vernie	*Idem*	3,600.
	Terno de 5	4,800.
Malles, (Poignées de) en fer, avec écusson	La paire	200.
Malles, (Poignées de) en plaqué, ou jaunes	*Idem*	400.
Mamelons de gomme élastique	La pièce	200.
Manches, de bois pour alènes, burins et autres petits instrumens	La douzaine	240.
Manches, d'ivoire, pour couteaux et fourchettes	*Idem*	2,000.
Manches, d'os, pour *idem*	*Idem*	320.
Manguitos de velours	La paire	1,600.
Manne, en larmes	La livre	500.
Manne, autre	*Idem*	300.
Manteaux, de coton grossiers, dits *Ponches*	La pièce	2,000.
Manteaux, de crêpe, pour chevaliers d'ordre	*Idem*	40,000.
Manteaux, de laine, de drap, *Capotes*, superfin, doublé de velours	*Idem*	32,000.
Manteaux, de laine, de drap, autre	*Idem*	8,000.
Manteaux, de laine, autres, grossiers, dits *Ponches*	*Idem*	2,000.
Mantes et mantilles, de coton, de mousseline brodée, en argent ou or, jusqu'à 6 palmes	*Idem*	4,000.
Mantes et mantilles, de coton, de mousseline brodée, en argent ou or, de 6 à 12 *idem*	*Idem*	12,000.
Mantes et mantilles, de coton, de mousseline brodée, en argent ou or, de plus de 12 *idem*	*Idem*	18,000.
Mantes et mantilles, de coton, de mousseline brodée, autre, jusqu'à 6 *idem*	*Idem*	2,400.
Mantes et mantilles, de coton, de mousseline brodée, autre, de 6 à 12 *idem*	*Idem*	5,000.
Mantes et mantilles, de coton, de mousseline brodée, autre, de plus de 12 *idem*	*Idem*	8,000.
Mantes et mantilles, de coton, de peluche, jusqu'à 6 *idem*	*Idem*	600.
Mantes et mantilles, de coton, de peluche, de 6 à 12 *idem*	*Idem*	1,000.
Mantes et mantilles, de coton, de peluche, de plus de 12 *idem*	*Idem*	1,600.
Mantes et mantilles, de coton, autre, mélangé de toute qualité, jusqu'à 6 *idem*	*Idem*	800.
Mantes et mantilles, de coton, autre, mélangé de toute qualité, de 6 à 12 *idem*	*Idem*	1,200.
Mantes et mantilles, de coton, autre, mélangé de toute qualité, de plus de 12 *idem*	*Idem*	1,600.
Mantes et mantilles, de laine, de drap, sans ornement	La pièce	6,400.
	La livre	12,800.
Mantes et mantilles, de laine, autres, peintes, jusqu'à 6 palmes	La pièce	2,000.
Mantes et mantilles, de laine, autres, peintes, de 6 à 12 *idem*	*Idem*	4,000.
Mantes et mantilles, de laine, autres, peintes, de plus de 12 *idem*	*Idem*	6,000.
Mantes et mantilles, de laine, autres, autres, de Cachemire, jusqu'à 6 *idem*	*Idem*	10,000.
Mantes et mantilles, de laine, autres, autres, de Cachemire, de 6 à 12 *idem*	*Idem*	40,000.
Mantes et mantilles, de laine, autres, autres, de Cachemire, de plus de 12 *idem*	*Idem*	60,000.
Mantes et mantilles, de laine, autres, autres, autres, jusqu'à 6 *idem*	*Idem*	3,200.
Mantes et mantilles, de laine, autres, autres, autres, de 6 à 12 *idem*	*Idem*	6,400.
Mantes et mantilles, de laine, autres, autres, autres, de plus de 12 *idem*	*Idem*	9,600.
Mantes et mantilles, de lin, de batiste brodée de toute qualité, jusqu'à 10 *idem*	*Idem*	20,000.
Mantes et mantilles, de lin, de batiste brodée de toute qualité, de plus de 10 *idem*	*Idem*	40,000.

MARCHANDISES.	UNITÉS.	ÉVALUATIONS.
		Reis.
Mantes et mantilles (*Suite*). de soie, pure, de crêpe, brodé en soie, argent ou or, jusqu'à 6 palmes	La pièce	2,500.
de 6 à 12 *idem*	*Idem*	6,400.
de plus de 12 *idem*	*Idem*	10,000.
damassé ou uni, jusqu'à 6 *idem*	*Idem*	2,000.
de 6 à 12 *idem*	*Idem*	3,600.
de plus de 12 *idem*	*Idem*	4,800.
de gaze, jusqu'à 6 *idem*	*Idem*	800.
de 6 à 12 *idem*	*Idem*	2,000.
de plus de 12 *idem*	*Idem*	3,000.
de peluche, jusqu'à 6 *idem*	*Idem*	1,200.
de 6 à 12 *idem*	*Idem*	2,000.
de plus de 12 *idem*	*Idem*	2,400.
de tricot ou tulle, jusqu'à 6 *idem*	*Idem*	2,400.
de 6 à 12 *idem*	*Idem*	4,800.
de plus de 12 *idem*	*Idem*	8,000.
autre, jusqu'à 6 *idem*	*Idem*	1,600.
de 6 à 12 *idem*	*Idem*	3,200.
de plus de 12 *idem*	*Idem*	4,800.
mélangée, de coton, jusqu'à 6 *idem*	*Idem*	1,200.
de 6 à 12 *idem*	*Idem*	2,400.
de plus 12 *idem*	*Idem*	3,600.
de laine, jusqu'à 6 *idem*	*Idem*	2,400.
de 6 à 12 *idem*	*Idem*	4,800.
de plus de 12 *idem*	*Idem*	6,400.
Maquim	L'arrobe	6,400.
Marbre (Bustes de), d'une palme	La pièce	6,000.
Marbre (Carreaux de), de 12 pouces	*Idem*	160.
Marjolaine	La livre	160.
Marmites de fer battu. (V. *Fer battu.*)		
Marmites de fer coulé, à 3 pieds	Le quintal	4,800.
Marmites de fer blanc	La pièce	800.
Marmites de terre vernie	*Idem*	20.
Maroquin	La douzaine	12,000.
Marquises. (V. *Canapés.*)		
Marottes pour coiffeurs et modistes. (V. *Têtes de carton.*)		
Marrube blanc	La livre	240.
Marteaux de charpentiers	La pièce	200.
de chasseurs, avec accessoires	*Idem*	200.
de cordonniers	*Idem*	160.
de forgerons, au poids	La livre	175.
de forgerons, à la pièce	La pièce	160.
d'horlogers, grands	*Idem*	320.
d'horlogers, petits	*Idem*	200.
de maçons, *Martelles*	*Idem*	160.
de maçons, *Picaretas*	*Idem*	1,600.
de maréchaux ferrans, pour serrer les vis	*Idem*	480.
de pianos ou clavecins	*Idem*	200.
de tapissiers	*Idem*	100.
de tonneliers	La livre	175.
Marteaux de porte (Boucles de)	La douzaine	6,250.
Marteaux de porte (Ressorts de)	La paire	5,000.

MARCHANDISES.	UNITÉS.	ÉVALUATIONS.
		Reis.
Masques	La douzaine	2,400.
Massicot. (V. *Oxide de plomb jaune.*)		
Mastic de l'Inde	La livre	480.
Mastines de tonnelier	La pièce	320.
Mate — en paquets	Le paquet	3,200.
Mate — autre	L'a robe	2,000.
Matelas — grands	La pièce	20,000.
Matelas — petits	*Idem*	12,000.
Mauves	La livre	120.
Mèches — *Mechas* à chandelles, à lampes, en coton	La gros e	1,000.
Mèches — *Murrão* à canons	Le quintal	20,000.
Méchoacan	La livre	400.
Médailles de saints	1,000 en nomb.	6,000.
Mélisse	La livre	160.
Menthe poivrée	*Idem*	240.
Mera preta	*Idem*	240.
Mercure — *Azougue*	*Idem*	400.
Mercure — *Mercurio* — calciné	*Idem*	16,000.
Mercure — *Mercurio* — doux	*Idem*	1,200.
Mercure — *Solimão*	*Idem*	1,200.
Mercuriale	*Idem*	200.
Méridiens	La pièce	1,000.
Mesures pour cordonniers (*Craveiras*)	*Idem*	800.
Métiers de bois pour faver la dentelle	*Idem*	3,400.
Meules — *Mó* de forgeron	*Idem*	2,000.
Meules — *Rebolos* à aiguiser — grandes	*Idem*	1,600.
Meules — *Rebolos* à aiguiser — petites	*Idem*	800.
Miel — d'abeilles	La livre	60.
Miel — mercuriel	*Idem*	960.
Miel — rosé	*Idem*	800.
Millepertuis	*Idem*	300.
Millet. (V. *Alpiste.*)		
Miroirs — d'Allemagne, montés en bois de pin, peints — de 6 à 10 pouces	La pièce	800.
Miroirs — d'Allemagne, montés en bois de pin, peints — de 10 à 15 *idem*	*Idem*	1,400.
Miroirs — d'Allemagne, montés en bois de pin, peints — de 15 à 20 *idem*	*Idem*	2,000.
Miroirs — autres — de poche, couverts — de papier doré ou peint	La douzaine	600.
Miroirs — autres — de poche, couverts — de peau de chagrin ou chien de mer	*Idem*	1,200.
Miroirs — autres — autres — en caisses de bois — de moins de 1/8	La pièce	60.
Miroirs — autres — autres — en caisses de bois — de 1/8	*Idem*	100.
Miroirs — autres — autres — en caisses de bois — de 1/4	*Idem*	160.
Miroirs — autres — autres — en caisses de bois — de 1/2	*Idem*	280.
Miroirs — autres — autres — en caisses de bois — de plus de 1/2	*Idem*	550.
Miroirs — autres — autres — montés — en bois doré — jusqu'à 6 pouces	*Idem*	240.
Miroirs — autres — autres — montés — en bois doré — de 6 à 10 *idem*	*Idem*	1,200.
Miroirs — autres — autres — montés — avec moulures dorées ou autres — jusqu'à 10 *idem*	*Idem*	400.
Miroirs — autres — autres — montés — avec moulures dorées ou autres — de 10 à 20 *idem*	*Idem*	6,000.
Miroirs — autres — autres — montés — avec moulures dorées ou autres — de 20 à 30 *idem*	*Idem*	16,000.
Miroirs — autres — autres — montés — avec moulures dorées ou autres — de 30 à 40 *idem*	*Idem*	32,000.
Miroirs — autres — autres — montés — avec moulures dorées ou autres — de 40 à 50 *idem*	*Idem*	64,000.
Miroirs — autres — autres — montés — avec moulures dorées ou autres — de 50 à 60 *idem*	*Idem*	120,000.
Miroirs — autres — autres — montés — avec moulures dorées ou autres — de 60 à 70 *idem*	*Idem*	240,000.
Miroirs — autres — autres — montés — avec moulures dorées ou autres — de 70 à 80 *idem*	*Idem*	400,000.

MARCHANDISES.	UNITÉS.	ÉVALUATIONS.
		Reis.
Missangues (petits grains d'émail) — brutes	La livre	200.
Missangues — ouvrées — Bourses de (V. *ce mot*).		
Missangues — ouvrées — Colliers (de)	La pièce	800.
Missangues — ouvrées — Parures (de)	*Idem*	12,000.
Missangues — ouvrées — Rubans de montres	*Idem*	800.
Modelos en fer pour redresser les fourreaux d'épées	*Idem*	2,000.
Moire. (V. *Tissus de soie.*)		
Molleton. (V. *Tissus de laine.*)		
Momie	La livre	1,200.
Montres — de poche — d'argent	La pièce	12,000.
Montres — de poche — d'or	*Idem*	40,000.
Montres — de poche — dorées ou argentées	*Idem*	12,000.
Montres — solaires — pour pilotes	*Idem*	600.
Montres — solaires — autres en pierre. (V. *Cadrans solaires.*)		
Montres — autres fausses — d'étain	La douzaine	480.
Montres — autres fausses — de laiton	*Idem*	480.
Montures — *Encaixes* de cuivre jaune pour bijoux	La grosse	720.
Montures — *Engastes* de cuivre jaune doré pour conterie de colliers	1,000 en nomb.	5,000.
Mors — d'acier	La pièce	2,000.
Mors — de fer — étamé	*Idem*	600.
Mors — de fer — poli	*Idem*	2,000.
Mors — de fer — autre	*Idem*	240.
Mors — de plaqué	*Idem*	2,000.
Mors — autres jaunes	*Idem*	2,000.
Mortiers — *Almofarises* — de bronze	*Idem*	300.
Mortiers — *Almofarises* — de pierre — grands	*Idem*	1,280.
Mortiers — *Almofarises* — de pierre — petits	*Idem*	640.
Mortiers — *Almofarises* — de verre	*Idem*	600.
Mortiers — *Almoeafres* de fer	*Idem*	200.
Mortiers — *Gral* — d'ivoire	*Idem*	4,800.
Mortiers — *Gral* — de pierre — pour pharmacie	*Idem*	1,600.
Mortiers — *Gral* — de pierre — autres — moyens	*Idem*	1,280.
Mortiers — *Gral* — de pierre — autres — petits	*Idem*	640.
Morue sèche	Le quintal	4,500.
Mouchettes — d'acier poli — avec plateau de fer-blanc verni	La douzaine	3,200.
Mouchettes — d'acier poli — autres	*Idem*	3,000.
Mouchettes — de plaqué — avec plateau	La pièce	4,000.
Mouchettes — de plaqué — sans plateau	*Idem*	2,000.
Mouchettes — autres communes	La douzaine	1,200.
Mouchoirs. (V. *Tissus suivant l'espèce.*)		
Moufles — à 2 roues — jusqu'à 8 pouces	Le pouce	70.
Moufles — à 2 roues — de plus de 8 *idem*	*Idem*	100.
Moufles — à 3 ou 4 roues — jusqu'à 8 *idem*	*Idem*	120.
Moufles — à 3 ou 4 roues — de plus de 8 *idem*	*Idem*	160.
NOTA. L'évaluation est double quand les moufles sont bronzés.		
Moules — à balles de fusils et de pistolets, en fer	La pièce	320.
Moules — de boutons — de bois, d'os, destinés à être recouverts	La grosse	40.
Moules — de boutons — autres servant de boutons	*Idem*	240.
Moules — à chocolat	La douzaine	1,200.
Moules — à hosties	La pièce	8,000.

MARCHANDISES.	UNITÉS.	ÉVALUATIONS.
		Reis.
Moules (*Suite*) de pâtissier… *Formas* de cuivre pour pâtés	La pièce	500.
Moules (*Suite*) de pâtissier… *Formas* de cuivre pour tourtes	*Idem*	3,200.
Moules (*Suite*) de pâtissier… *Grades* de fer-blanc	*Idem*	200.
Moules (*Suite*) à faire des plats, en bronze	*Idem*	6,400.
Moules (*Suite*) à empreindre les pâtes	L'assortiment	600.
Moulins… à café… à brûler, en tôle	La pièce	4,000.
Moulins… à café… à moudre, avec caisse… en bois	*Idem*	500.
Moulins… à café… à moudre, avec caisse… en fer	*Idem*	1,200.
Moulins… à moudre le maïs, à main et à bras	*Idem*	12,000.
Mousse d'Irlande	La livre	240.
Mousseline. (V. *Tissus de coton.*)		
Mousticaires de *lo*… pour 1 lit	La pièce	8,000.
Mousticaires de *lo*… pour 2 lits	*Idem*	14,400.
Moutarde en pots… de 3 onces	Le pot	120.
Moutarde en pots… de plus de 3 onces	L'once	40.
Moutardiers en bois	La pièce	160.
Muleques pour nettoyer l'or	La douzaine	1,000.
Mules et mulets	Par tête	20,000.
Muriate… de *Deramites*	La livre	3,200.
Muriate… de mercure. (V. *Mercure.*)		
Musc	L'once	9,600.
Musique imprimée (Cahiers de) en feuilles	La feuille	80.
Musique imprimée (Cahiers de) autres reliés	La pièce	1,000.
Myrobolans	La livre	300.
Myrrhe	*Idem*	640.
Myrte… *Gilbarbeira* sauvage	La livre	240.
Myrte… *Murta*	*Idem*	160.
Nacre… brute	La livre	3,200.
Nacre… ouvrée… (Cœurs de)	La douzaine	240.
Nacre… ouvrée… (Coquilles de)	La livre	200.
Nacre… ouvrée… (Pendants de). (V. *Boucles d'oreilles-Brincos.*)		
Nankinettes.. Nankins… (V. *Tissus de coton.*)		
Nappes. (V. *Tissus suivant l'espèce.*)		
Nattes… d'Algarve	La pièce	400.
Nattes… d'Angola	*Idem*	160.
Nattes… de l'Inde	*Idem*	1,280.
Nattes… de Mozambique	*Idem*	640.
Nattes… autres… d'appartement… de jonc, unies ou peintes, de 4 palmes de large. Jusqu'à 10 palmes de large, elles sont évaluées proportionnellement.	La vare	500.
Nattes… autres… d'appartement… autres… grandes	La pièce	32,000.
Nattes… autres… d'appartement… autres… petites	*Idem*	16,000.
Nattes… autres… de chapeaux, tressées, communes de 1/2 pouce	La vare	40.
Nattes… autres… de chapeaux, tressées, communes plus étroites	*Idem*	10.
Nattes… autres… pour marche-pieds… communes	La pièce	240.
Nattes… autres… pour marche-pieds… fines	*Idem*	600.
Nattes… autres… de table, pour plats en paille	La douzaine	960.
Nattes… autres… autres… de sparterie. (V. *Paillassons.*)		
Nattes… autres… autres… de *tabua* communes	La pièce	120.

MARCHANDISES.					UNITÉS.	ÉVALUATIONS.
						Reis.
Nécessaires.	de campagne, avec batterie de cuisine et ustensiles de table en 1 ou 2 caisses			pour 6 personnes	La pièce	20,000.
				pour 12 personnes	Idem	40,000.
	autres	de femme	de bois fins, de marqueterie, en écaille, ivoire, nacre		Idem	25,000.
			de carton garnis		Idem	2,400.
			de laque	garnis	Idem	20,000.
				non garnis	Idem	12,000.
			de maroquin, garnis	jusqu'à 1 1/2 palme	Idem	4,000.
				plus grands	Idem	15,000.
			autres	à musique	Idem	30,000.
				autres, garnis, communs	Idem	3,200.
				autres, garnis, fins	Idem	8,000.
				autres, non garnis, communs, petits	Idem	480.
				autres, non garnis, communs, plus grands	Idem	2,400.
		d'homme pour barbe	*Caixas*, communs	grands	Idem	4,000.
				petits	Idem	2,000.
			Caixas, riches	grands	Idem	24,000.
				moyens	Idem	12,000.
				petits	Idem	2,000.
			Estojos de maroquin, avec tous leurs accessoires		Idem	7,200.
Nitre pur					La livre	400.
Niveaux de métal	avec support				La pièce	50,000.
	autres				Idem	10,000.
Noix	communes				L'alqueire	600.
	muscades				La livre	1,600.
	vomiques				Idem	600.
Noisettes	*Avelans*				L'alqueire	1,200.
	Deavelha				La livre	160.
Ocre					L'arrobe	1,280.
Œillères	de cuir avec garnitures et ornemens de plaqué				La paire	2,150.
	de plaqué				Idem	3,000.
	autres	avec ornemens			Idem	1,600.
		sans ornemens			Idem	1,480.
Oignons	*Albarrans*	en poudre			La livre	800.
		secs			Idem	320.
		verts			100 en nombr.	500.
	Cebolas				Idem	320.
Oiseaux de paradis					La pièce	6,400.
Olives	de Séville en *paroleiras*				La paroleira	600.
	autres	en *ancoretas*			L'ancoreta	400.
		en barrils de 4 à la pipe			Le barril	2,000.
		en *paroleiras*			La paroleira	400.
Ombre	de Cologne				La livre	160.
	d'olivier				Idem	160
Ombrelles et parapluies.	dans une canne				La pièce	3,200.
	à la chinoise, autres que de percale, toile écrue ou soie				Idem	600.
	non dénommées	de percale			Idem	800.
		de soie de toute qualité			Idem	3,200.
		de toile écrue de Hollande			Idem	1,600.
		autres pour femmes			Idem	2,000.

MARCHANDISES.	UNITÉS.	ÉVALUATIONS.
		Reis.
Onguent d'Agrippa	La livre	800.
Onguent d'albâtre	*Idem*	960.
Onguent *Apostolorum*	*Idem*	640.
Onguent d'Arragon	*Idem*	800.
Onguent d'arténique	*Idem*	800.
Onguent de brione	*Idem*	800.
Onguent de comtesse	*Idem*	960.
Onguent *de doutor presunto*	*Idem*	1,600.
Onguent *désopilatif*	*Idem*	960.
Onguent *de marcietão*	*Idem*	960.
Onguent *de nervino*	*Idem*	960.
Onguent *populeum*	*Idem*	960.
Opium	*Idem*	4,800.
Opodeldoc en fioles	La fiole	320.
Or (Crasse d')	L'arrobe	1,600.
Or (Feuilles d') pour dorer	1,000 en nomb.	10,000.
Oreillons pour colles	L'arrobe	400.
Orge. (V. *Grains.*)		
Orgues *Orgaos* mobiles	La pièce	240,000.
Orgues *Realejos* de bois communs, d'un cylindre jusqu'à un palme de hauteur	*Idem*	2,000.
Orgues *Realejos* de bois communs, de 2 cylindres jusqu'à 1 1/2 palme de hauteur	*Idem*	6,000.
Orgues *Realejos* de bois communs, de 3 cylindres de 1 1/2 à 2 palmes de hauteur	*Idem*	14,000.
Orgues *Realejos* de bois communs, de 1 à 5 cylindres, de 2 1/2 à 3 1/2 palmes *idem*	*Idem*	32,000.
Orgues *Realejos* de bois communs, de 1 à 5 cylindres, de 3 1/2 à 4 1/2 *idem*	*Idem*	56,000.
Orgues *Realejos* de bois communs, de 1 à 5 cylindres, de 4 1/2 à 5 1/2 *idem*	*Idem*	110,000.
Orgues *Realejos* de bois communs, de 1 à 5 cylindres, de 5 1/2 à 6 1/2 *idem*	*Idem*	180,000.
Orgues *Realejos* de bois communs, de 1 à 5 cylindres, de 6 1/2 à 8 *idem*	*Idem*	220,000.
Orgues *Realejos* de bois communs, de 1 à 5 cylindres, de plus de 8 *idem*	*Idem*	320,000.
NOTA. Par cylindre en sus de 3, on ajoutera 8 pour cent. On ajoute 20 pour cent pour les coffres de bois fins; les orgues doivent être mesurées du pied à l'extrémité supérieure inclusivement.		
Origan	La livre	200.
Orpiment	*Idem*	400.
Os de sèche brut	*Idem*	400.
Os de sèche (Coquilles d')	*Idem*	250.
Oseille	*Idem*	120.
Osier en botte ou autre	La botte	100.
Outres à vin de Maragnon	La douzaine	480.
Outres à vin autres, grandes, d'une peau entière	La pièce	800.
Outres à vin autres, grandes, autres	*Idem*	160.
Outres à vin autres, petites	*Idem*	100.
Oxydes de manganèse	La livre	160.
Oxydes de plomb rouge (*Azarcao*)	L'arrobe	1,800.
Oxydes de plomb jaune (*Massicote*)	La livre	300.
Oxydes de zinc gris cendré	*Idem*	400.
Oxymel *salutico*	*Idem*	1,200.
Paillassons de sparterie peints	La pièce	960.
Paillassons de sparterie autres	*Idem*	320.
Paille, *Capotes*, de (V. *Capotes-Croças.*)		
Paille, (Couvertures de) de la Chine, de l'Inde, ou de Mozambique, grandes	La pièce	4,000.
Paille, (Couvertures de) de la Chine, de l'Inde, ou de Mozambique, petites	*Idem*	2,000.

MARCHANDISES.	UNITÉS.	ÉVALUATIONS.
		Reis.
Paille (*Suite*). — autre — commune — pour carcasses de chapeaux en pièces	La pièce	50.
Paille (*Suite*). — autre — commune — Paillassons de. (V. *Paillassons.*)		
Paille (*Suite*). — autre — commune — autre en pièces	*Le covado*	400.
Paille (*Suite*). — autre — fine, en pièces, pour chapeaux	*Idem*	1,200.
Paillettes — *Lantejoulas* — fausses	L'once	400.
Paillettes — *Lantejoulas* — fines — d'argent	*Idem*	1,800.
Paillettes — *Lantejoulas* — fines — d'or	*Idem*	2,200.
Paillettes — *Palhetas* — fausses en paquets	Le paquet	1,200
Paillettes — *Palhetas* — fines d'or et d'argent	L'once	2,000.
Paina	L'arrobe	2,400.
Panacée me rcurielle	La livre	16,000.
Panaches — pour shakos militaires — communs — grands	La pièce	1,600.
Panaches — pour shakos militaires — communs — petits	*Idem*	800.
Panaches — pour shakos militaires — fins — grands	*Idem*	6,400.
Panaches — pour shakos militaires — fins — petits	*Idem*	3.200.
Panaches — autres en crin	*Idem*	4,000.
Paniers — *Açafates* pour fruits et fleurs artificielles, de carton, de faïence, de fer-blanc, de jonc, de verre	La pièce	1,000.
Paniers — *Balaios de palinha-caboucla*	*Idem*	40.
Paniers — *Cubas* — de jonc	La paire	1,000.
Paniers — *Cubas* — de *pite*, petits	La pièce	200.
Paniers — *Canastras* garnis de cuir	*Idem*	1,920.
Paniers — *Ceiroes* de jonc	La paire	1,000.
Paniers — *Cestinhos* de *pite* — communs	La pièce	400.
Paniers — *Cestinhos* de *pite* — fins	*Idem*	2,000.
Paniers — *Cestinhos* — à fleurs — grands	*Idem*	1,200.
Paniers — *Cestinhos* — à fleurs — petits	*Idem*	800.
Paniers — *Cestinhos* — autres de fil	*Idem*	1,000.
Paniers — *Cestos* — de fer-blanc — vernis à fleurs ou fruits	*Idem*	1,000.
Paniers — *Cestos* — de fer-blanc — autres pour pain	*Idem*	600.
Paniers — *Cestos* — de jonc (*Verguinha*) — grands	*Idem*	240.
Paniers — *Cestos* — de jonc (*Verguinha*) — petits	*Idem*	100.
Paniers — *Cestos* — de paille (*Comme de jonc.*)		
Paniers — *Quindas* d'angola	La douzaine	480.
Pantalons — de casimir	La pièce	6,400.
Pantalons — de drap	*Idem*	6,400.
Pantalons — de percale	*Idem*	1,200.
Pantalons — de tricot — de coton — de laine	*Idem*	2,400.
Pantalons — de tricot — de soie	*Idem*	9,600.
Pantalons — de tricot — en coupons — de coton ou laine	Le coupon	1,920.
Pantalons — de tricot — en coupons — de soie	*Idem*	8,000.
Pantoufles — de gomme élastique	La paire	640.
Pantoufles — de jonc ou de bois	*Idem*	640.
Pantoufles — de velours brodées en argent ou or — grandes	*Idem*	1,200.
Pantoufles — de velours brodées en argent ou or — petites	*Idem*	800.
Pantoufles — autres unies de toute grandeur	*Idem*	800.

MARCHANDISES.				UNITÉS.	ÉVALUATIONS.
					Reis.
Papier	à écrire, blanc ou azuré			La rame	1,600.
	à enveloppes	pour cartouches		Idem	5,000.
		autre de couleur	jusqu'à 14 pouces	Idem	540.
			de 14 à 17 pouces	Idem	1,200.
			de plus de 17 pouces	Idem	3,000.
	de Hollande, demi-Hollande ou faux Hollande			Idem	7,000.
	impérial	jusqu'à 20 pouces		Idem	12,000.
		de plus de 20 pouces		Idem	20,000.
	à impression de toute grandeur			Idem	4,800.
	peau vélin			La feuille	20.
	peint, argenté, doré	commun		La rame	3,000.
		fin		Idem	10,000.
	de peso	commun in-4.°		Idem	1,600.
		fin	in-f.°	Idem	7,000.
			in-4.°	Idem	3,000.
	rayé à musique			Idem	10,000.
	de tenture en rouleaux de 14 *covados*			Le rouleau	1,200.
	Livres de blancs, reliés	communs		La main	320.
		de Hollande ou façon de Hollande		Idem	640.
		impérial		Idem	960.
Parapluies / Parasols	(V. *Ombrelles.*)				
Paravents	de bois, garnis de toile vernie			La pièce	12,800.
	autres			Idem	100,000.
Parchemin				La peau	500.
Pariétaire				La livre	120.
Passemens pour tapisserie				La vare	40.
Passe-partout en fer ou laiton				La pièce	300.
Passoires à café en fer-blanc (V. *Filtres.*)					
Pastilles	de senteur pour la bouche			La livre	2,400.
	autres avec ou sans boîte			Idem	800.
Pâte pour aiguiser les rasoirs (Boîtes de)				La boîte	80.
Patères dorées				La pièce	500.
Pâtes (Colliers de)				Idem	300.
Pavillons de navires	grands			Idem	16,000.
	petits			Idem	8,000.
Pavots	*Dormideiras*			La livre	320.
	Papoulas	blancs		Idem	200.
		rouges		Idem	240.
Peaux	d'*arirenha*			La pièce	1,600.
	de bouc, corroyées			La douzaine	8,000.
	de cerf	apprêtées		La pièce	320.
		corroyées		Idem	240.
		en poil		Idem	120.
	de chamois			La douzaine	5,600.
	de chat, préparées			La pièce	160.
	de cheval	de jument		Idem	500.
		de poulain	coupées	Idem	1,200.
			tannées	Idem	2,400.
		autres		Idem	500.

MARCHANDISES.	UNITÉS.	ÉVALUATIONS.
		Reis.
Peaux (*Suite*). de chèvre (*Comme de cerf*).		
Peaux — de chien de mer	La douzaine...	3,600.
Peaux — de chinchilla	La pièce.....	160.
Peaux — de daim, entières	*Idem*........	4,000.
Peaux — d'hermine	*Idem*........	120.
Peaux — de lapin	*Idem*........	100.
Peaux — de loup marin	*Idem*........	320.
Peaux — de loutre	*Idem*........	1,600.
Peaux — de mouton — brutes en poil pour chabraques	*Idem*........	800.
Peaux — de mouton — blanches	La douzaine...	1,500.
Peaux — de mouton — maroquinées, fines, anglaises ou françaises	*Idem*........	12,000.
Peaux — de mouton — rouges communes	*Idem*........	4,000.
Peaux — de mouton — autres	La pièce.....	160.
Peaux — de *nutria*	*Idem*........	400.
Peaux — d'once — noires	*Idem*........	6,000.
Peaux — d'once — peintes	*Idem*........	3,000.
Peaux — d'once — autres	*Idem*........	2,000.
Peaux — d'ours	*Idem*........	6,000.
Peaux — de porc — *cortido*	*Idem*........	1,200.
Peaux — de porc — *escudado*	*Idem*........	1,000.
Peaux — de singe	*Idem*........	320.
Peaux — de tigre — noires	*Idem*........	6,000.
Peaux — de tigre — peintes	*Idem*........	3,000.
Peaux — de tigre — autres	*Idem*........	2,000.
Peaux — de veau — mort-né	*Idem*........	400.
Peaux — de veau — autres — anglaises	La douzaine..	14,400.
Peaux — de veau — autres — autres — vernissées	*Idem*........	24,000.
Peaux — de veau — autres — autres — autres	*Idem*........	12,000.
Peaux — autres — *escudado*	La pièce.....	1,000.
Peaux — autres — *Moscovia*	*Idem*........	2,000.
Peaux — autres — *Pellicas* — blanches	La douzaine...	2,400.
Peaux — autres — *Pellicas* — coloriées	*Idem*........	3,600.
Peaux — autres — *Pellicas* — (Coupons de)	La livre.....	160.
Pêches — *Origenes* confites	*Idem*........	320.
Pêches — *Pecegos* sèches — avec noyaux	*Idem*........	160.
Pêches — *Pecegos* sèches — sans noyaux. (V. *Comme Origenes.*)		
Peignes — pour chevaux	La douzaine...	240.
Peignes — de tisserand	La pièce.....	300.
Peignes — de toilette — à coiffer — de corne ou façon écaille — grands à chignon — jusqu'à 12 palmes	La douzaine...	1,200.
Peignes — de toilette — à coiffer — de corne ou façon écaille — grands à chignon — plus grands	*Idem*........	2,400.
Peignes — de toilette — à coiffer — de corne ou façon écaille — petits	*Idem*........	480.
Peignes — de toilette — à coiffer — d'écaille, à chignon de 3/4 pouce de large — jusqu'à 1 palme de long.	*Idem*........	10,800.
Peignes — de toilette — à coiffer — d'écaille, à chignon de 3/4 pouce de large — autres	*Idem*........	7,200.
Peignes — de toilette — à peigner — de buis à décrasser	*Idem*........	800.
Peignes — de toilette — à peigner — de corne — à démêler	*Idem*........	600.
Peignes — de toilette — à peigner — de corne — à perruques	*Idem*........	500.
Peignes — de toilette — à peigner — d'écaille — à papillottes	*Idem*........	1,400.
Peignes — de toilette — à peigner — d'écaille — autres à dents, unis ou façonnés — de 3/4 p.ce de long. 1/2 pouce de large.	*Idem*........	2,000.
Peignes — de toilette — à peigner — d'écaille — autres à dents, unis ou façonnés — plus larges	*Idem*........	3,000.
Peignes — de toilette — à peigner — d'ivoire — à décrasser	*Idem*........	2,400.
Peignes — de toilette — à peigner — d'ivoire — autres	*Idem*........	4,800.
Peignes — de toilette — à peigner — d'os poli à décrasser	*Idem*........	800.
Peignes — de toilette — de poche avec étui — en corne	*Idem*........	500.
Peignes — de toilette — de poche avec étui — en écaille	*Idem*........	7,200.
Peignes — autres de métal orné	La pièce.....	800.

MARCHANDISES.	UNITÉS.	ÉVALUATIONS.
		Reis.
Peignoirs — de coton	La pièce	3,200.
Peignoirs — de lin ou de chanvre — de batiste	*Idem*	19,200.
Peignoirs — de lin ou de chanvre — autre	*Idem*	3,200.
Pelotes. (V. *Coussins à épingles.*)		
Pelles — *Bacias* de fer-blanc à enfourner la pâte	La pièce	320.
Pelles — *Pas* de fer avec ou sans manches	*Idem*	600.
Pekins. (V. *Tissus de soie.*)		
Pendules — de console ou de cheminée, avec ou sans verre, montées — en albâtre — à musique	La pièce	100,000.
Pendules — de console ou de cheminée — en albâtre — autres	*Idem*	60,000.
Pendules — de console ou de cheminée — en bois — à musique	*Idem*	48,000.
Pendules — de console ou de cheminée — en bois — autres	*Idem*	24,000.
Pendules — de console ou de cheminée — en bronze, en cristal, en marbre, en métal non doré (*Comme en albâtre*).		
Pendules — autres — de muraille — avec caisse de bois et aiguille ordinaire — communes	*Idem*	50,000.
Pendules — autres — de muraille — avec caisse de bois et aiguille ordinaire — fines	*Idem*	100,000.
Pendules — autres — de muraille — sans caisse, avec aiguille de bois	*Idem*	4,800.
Pendules — autres — autres en cadre — d'un palme carré	*Idem*	14,400.
Pendules — autres — autres en cadre — de plus d'un palme carré, à moulures dorées et à musique	*Idem*	80,000.
Percales. (V. *Tissus de coton.*)		
Perdrix	L'arrobe	1,600.
Perles — fines — *Aljofar* — baroques	La livre	4,000.
Perles — fines — *Aljofar* — autres	*Idem*	8,000.
Perles — fines — *Perolas* — (Colliers de)	La pièce	25,600.
Perles — fines — *Perolas* — autres	Le gros	3,200.
Perles — fausses — *Aljofar* — de 12 fils au paquet	Le paquet	160.
Perles — fausses — *Aljofar* — (Parures de)	La pièce	12,000.
Perles — fausses — *Perolas* — brutes — grosses	Le fil	200.
Perles — fausses — *Perolas* — brutes — petites	*Idem*	80.
Perles — fausses — *Perolas* — ouvrées — *Bandos*	La pièce	2,000.
Perles — fausses — *Perolas* — ouvrées — Colliers — *Collares*	*Idem*	1,600.
Perles — fausses — *Perolas* — ouvrées — Colliers — *Gargantillas*	*Idem*	700.
Perles — fausses — *Perolas* — ouvrées — (*Fitas* et ceintures de)	*Idem*	800.
Perles — fausses — *Perolas* — ouvrées — (Parures de)	*Idem*	12,000.
Perles — fausses — *Perolas* — ouvrées — Pendans d'oreilles (V. *Boucles d'oreilles-Brincos.*)		
Perruques — de femmes avec ou sans ornemens	La pièce	12,000.
Perruques — autres — de laine	*Idem*	3,200.
Perruques — autres — autres	*Idem*	4,000.
Perruques — Boites à (V. *Boites-Caixas.*)		
Pèse-liqueurs — d'ivoire	*Idem*	800.
Pèse-liqueurs — de verre	*Idem*	600.
Pexorim	La livre	320.
Pianos — *Forte-pianos*	La pièce	300,000.
Pianos — *Pianos*	*Idem*	200,000.
Pieds pour maçons et tailleurs de pierre	La pièce	320.
Pieds — de lion (Tiges et racines de)	La livre	200.
Pieds — de loup	*Idem*	300.

MARCHANDISES.	UNITÉS.	ÉVALUATIONS.
		Reis.
Piedouches en bois de toute sorte	La pièce	1,000.
Pierres — à aiguiser — pour charpentiers	*Idem*	200.
Pierres — à aiguiser — pour rasoirs, avec étuis	*Idem*	600.
Pierres — à aiguiser — autres — communes	La douzaine	1,200.
Pierres — à aiguiser — autres — fines dites *de Ley*	*Idem*	4,000.
Pierres — d'aimant	La livre	400.
Pierres — d'autel, avec ou sans couverture	La pièce	1,920.
Pierres — à broder	La grosse	600.
Pierres — Calamine préparée	La livre	400.
Pierres — *Cannanas*	*Idem*	2,400.
Pierres — cardiaque de Goa	L'once	1,600.
Pierres — à chocolat, avec un rouleau	La pièce	200.
Nota. Si les accessoires sont plus nombreux, l'évaluation est augmentée.		
Pierres — pour dessus de commode ou de table — jusqu'à 2 palmes	*Idem*	2,000.
Pierres — pour dessus de commode ou de table — de 2 à 6 *idem*	*Idem*	7,000.
Pierres — pour dessus de commode ou de table — de 6 à 8 *idem*	*Idem*	12,000.
Pierres — pour dessus de commode ou de table — de 8 à 10 *idem*	*Idem*	18,000.
Pierres — pour dessus de commode ou de table — autres	*Idem*	4,000.
Pierres — à écrire. (V. *Ardoises.*)		
Pierres — à feu	1 000 en nomb.	1,600.
Pierres — à filtres	La pièce	4,000.
Pierres — hématite	La livre	600.
Pierres — infernale — sans étui	L'once	1,000.
Pierres — infernale — (Étuis de), en ivoire. (V. *Étuis.*)		
Pierres — Marbre. (V. *ce mot.*)		
Pierres — à moudre, pour moulins — à bras — grandes, de Portugal, ou façon de Portugal, et autres pays	L'assortiment	25,600.
Pierres — à moudre, pour moulins — à bras — autres	La pièce	800.
Pierres — à moudre, pour moulins — *das Ilhas* — grandes	L'assortiment	12,800.
Pierres — à moudre, pour moulins — *das Ilhas* — moyennes	*Idem*	6,400.
Pierres — à moudre, pour moulins — *das Ilhas* — petites	*Idem*	3,200.
Pierres — ponce	La livre	120.
Pierres — de talc	L'arrobe	400.
Pierres — de taille — pour carreaux — polis, de 12 pouces	La pièce	160.
Pierres — de taille — pour carreaux — pour conduits	La vare	8,000.
Pierres — de taille — pour carreaux — autres	Le palme carré	100.
Pierres — de taille — autres — pour fenêtres, en 4 pierres	La fenêtre	12,000.
Pierres — de taille — autres — pour une porte, entières	Le portail	20,000.
Pierres — de taille — autres — pour portes cochères, en 4 pierres	La porte	36,000.
Pierres — de touche	La pièce	160.
Pierres — tumulaires	*Idem*	20,000.
Pierres — de vitriol	La livre	200.
Pilules — anti-acides	L'once	1,200.
Pilules — *benedictas*	*Idem*	600.
Pilules — *coquias*	*Idem*	600.
Pilules — *de familia*	*Idem*	400.
Pilules — *sinaglozas*	*Idem*	800.
Pilules — (Boites à), petites, en carton	La douzaine	120.
Piment — de la Jamaïque	La livre	600.
Piment — autre — rouge et d'autres couleurs	*Idem*	640.
Piment — autre — sec	*Idem*	400.
Piment — autre — autre	*Idem*	150.
Pimprenelle	*Idem*	160.

MARCHANDISES.	UNITÉS.	ÉVALUATIONS.
		Reis.
Pinceaux... à barbe.... en boîtes.... avec miroir	La pièce.....	480.
Pinceaux... à barbe.... en boîtes.... sans miroir	*Idem*........	160.
Pinceaux... à barbe.... autres	*Idem*........	50.
Pinceaux... de peintre... *Brochas*.... pour badigeonneurs	La douzaine..	3,000.
Pinceaux... de peintre... *Brochas*.... autres	*Idem*........	1,000.
Pinceaux... de peintre... *Pinceis*..... pour peintres en bâtimens	*Idem*........	3,000.
Pinceaux... de peintre... *Pinceis*..... autres, en plumes	La pièce.....	20.
Pinces de chirurgie......... *Alevantadores* de fer	*Idem*........	600.
Pinces de chirurgie......... *Ferros*...... à arracher les dents	Le jeu.......	1,600.
Pinces de chirurgie......... *Ferros*...... à nettoyer les dents	La pièce.....	200.
Pinces de chirurgie......... *Pincas*	*Idem*........	300.
Pinces de chirurgie......... *Tenaculo*	*Idem*........	480.
Pintanha	La livre......	200.
Pipes....... de l'Inde, dites *Oçá*	La pièce.....	40,000.
Pipes....... de Macao	*Idem*........	4,000.
Pipes....... autres...... d'argile	La grosse.....	700.
Pipes....... autres...... de faïence, avec tuyaux et accessoires	La pièce.....	600.
Pipes....... autres...... de plâtre	La grosse.....	700.
Pipes....... (Tuyaux de) d'Angola	100 en nombre.	600.
Pipes....... (Tuyaux de) *de Taquara*	La pièce.....	40.
Piques (Fers de)	*Idem*........	160.
Pistolets..... d'arçon..... à 1 coup.... avec baïonnettes	La paire.....	6,000.
Pistolets..... d'arçon..... à 1 coup.... sans baïonnettes	*Idem*........	4,000.
Pistolets..... d'arçon..... à 2 coups.... avec baïonnettes	*Idem*........	10,000.
Pistolets..... d'arçon..... à 2 coups.... sans baïonnettes	*Idem*........	8,000.
Pistolets..... de poche.... à 1 coup.... avec baïonnettes	*Idem*........	6,000.
Pistolets..... de poche.... à 1 coup.... sans baïonnettes	*Idem*........	5,000.
Pistolets..... de poche.... à 2 coups.... avec baïonnettes	*Idem*........	16,000.
Pistolets..... de poche.... à 2 coups.... sans baïonnettes	*Idem*........	10,000.
Pistolets..... (Boîtes de).. pour une paire, avec accessoires	La boîte......	20,000.
Pistolets..... (Boîtes de).. pour deux paires, l'une d'arçon, l'autre de poche	*Idem*........	30,000.
Pistolets..... (Canons de)	La pièce.....	500.
Pistolets..... (Fontes de). (V. *Fontes*.)		
Pistolets..... (Platines de). (V. *Platines*.)		
Pivoine avec sa racine	La livre......	160.
Placards. (V. *Crachats*.)		
Planches.... de bois. (V. *Bois*.)		
Planches.... de cuivre, gravées, pour imprimer......... des cartes.... à jouer	L'assort.t pour 1 jeu	100,000.
Planches.... de cuivre, gravées, pour imprimer......... des cartes.... de visite	La pièce.....	2,000.
Planches.... de cuivre, gravées, pour imprimer......... des connaissemens	*Idem*........	6,400.
Planches.... de cuivre, gravées, pour imprimer......... des estampes in-folio	*Idem*........	40,000.
Planches.... de cuivre, gravées, pour imprimer......... des *Imagens*.. in-folio	*Idem*........	3,200.
Planches.... de cuivre, gravées, pour imprimer......... des *Imagens*.. in-quarto	*Idem*........	2,000.
Planches.... de cuivre, gravées, pour imprimer......... des *Imagens*.. in-octavo	*Idem*........	1,200.
Planches.... de cuivre, gravées, pour imprimer......... des lettres... de change	*Idem*........	4,800.
Planches.... de cuivre, gravées, pour imprimer......... des lettres... autres	*Idem*........	6,400.
Planes (Fers de), pour tonneliers et autres	*Idem*........	600.
Plaques de fer-blanc, pour pâtissiers	La douzaine...	320.

MARCHANDISES.	UNITÉS.	ÉVALUATIONS.
		Reis.
Plateaux. — *Bandejas* — de fer verni — de moins de 1 palme	La douzaine	1,000.
Plateaux. — *Bandejas* — de fer verni — de 1 *idem*	La pièce	400.
Plateaux. — *Bandejas* — de fer verni — de 1 1/2 *idem*	*Idem*	900.
Plateaux. — *Bandejas* — de fer verni — de 2 *idem*	*Idem*	1,200.
Plateaux. — *Bandejas* — de fer verni — de 2 1/2 *idem*	*Idem*	1,500.
Plateaux. — *Bandejas* — de fer verni — de 3 *idem*	*Idem*	2,400.
Plateaux. — *Bandejas* — de fer verni — de plus de 3 *idem*	*Idem*	4,000.
Plateaux. — *Bandejas* — de fer-blanc verni, — avec garniture de métal, — jusqu'à 2 1/2 palmes	*Idem*	10,000.
Plateaux. — *Bandejas* — de fer-blanc verni, — avec garniture de métal, — de 2 à 3 1/2 *idem*	*Idem*	16,000.
Plateaux. — *Bandejas* — de fer-blanc verni, — autres. (*Comme de fer.*)		
Plateaux. — *Bandejas* — de métal blanc, de l'Inde — jusqu'à 2 palmes	*Idem*	5,000.
Plateaux. — *Bandejas* — de métal blanc, de l'Inde — de 2 à 3 *idem*	*Idem*	12,000.
Plateaux. — *Bandejas* — de métal blanc, de l'Inde — de plus de 3 *idem*	*Idem*	20,000.
Plateaux. — *Bandejas* — de plaqué — jusqu'à 1 palme	*Idem*	3,200.
Plateaux. — *Bandejas* — de plaqué — de 1 à 1 1/2 *idem*	*Idem*	5,600.
Plateaux. — *Bandejas* — de plaqué — de 1 1/2 à 2 *idem*	*Idem*	10,000.
Plateaux. — *Bandejas* — de plaqué — de 2 à 2 1/2 *idem*	*Idem*	20,000.
Plateaux. — *Bandejas* — de plaqué — de 2 1/2 à 3 *idem*	*Idem*	40,000.
Plateaux. — *Bandejas* — de plaqué — de plus de 3 *idem*	*Idem*	60,000.
Plateaux. — *Bandejas* — de tôle vernie — de 1 à 2 palmes	*Idem*	2,400.
Plateaux. — *Bandejas* — de tôle vernie — de 2 à 3 *idem*	*Idem*	4,800.
Plateaux. — *Bandejas* — de tôle vernie — de plus de 3 *idem*	*Idem*	9,600.
Plateaux. — *Bandejas* — de verre, garnis de métal, de 1 1/2 palme	*Idem*	3,200.
Plateaux. — *Fundos* — de fer-blanc verni, — pour bouteilles — garnis de plaqué, — grands	*Idem*	1,000.
Plateaux. — *Fundos* — de fer-blanc verni, — pour bouteilles — garnis de plaqué, — petits	*Idem*	640.
Plateaux. — *Fundos* — de fer-blanc verni, — pour bouteilles — autres	*Idem*	320.
Plateaux. — *Fundos* — de fer-blanc verni, — pour verres	*Idem*	100.
Plateaux. — *Fundos* — de plaqué — pour bouteilles	*Idem*	2,000.
Plateaux. — *Fundos* — de plaqué — pour verres	*Idem*	800.
Plateaux. — *Pratinhos* pour verres à vin, en plaqué	*Idem*	600.
Platilles. (V. *Tissus de coton.*)		
Platines — de fusils	*Idem*	960.
Platines — de pistolets	*Idem*	640.
Platines — Garde-platine en cuir blanc et autre	*Idem*	280.
Plâtre	L'arrobe	600.
Plats — *Bacia* — à barbe — de cuivre jaune	La pièce	600.
Plats — *Bacia* — à barbe — d'étain	*Idem*	500.
Plats — *Bacia* — autres de bois peints	*Idem*	1,000.
Plats — *Pratinhos* de tôle vernie	*Idem*	320.
Plats — *Pratos* — d'étain	La livre	280.
Plats — *Pratos* — de plaqué — avec couvercles	La pièce	20,000.
Plats — *Pratos* — de plaqué — autres — jusqu'à 1 palme	*Idem*	3,600.
Plats — *Pratos* — de plaqué — autres — de 1 à 1 1/2 *idem*	*Idem*	5,600.
Plats — *Pratos* — de plaqué — autres — de 1 1/2 à 2 *idem*	*Idem*	8,000.
Plomb — en barres ou saumons	Le quintal	6,400.
Plomb — en balles	*Idem*	7,500.
Plomb — Massicot, Minium (V. *Oxyde de plomb.*)		
Plumeaux — en plumes de paon	La pièce	3,000.
Plumeaux — autres — communs	*Idem*	480.
Plumeaux — autres — autres	*Idem*	2,000.

MARCHANDISES.	UNITÉS.	ÉVALUATIONS.
		Reis.
Plumes d'Angola. (*Cocares de*)	La pièce	1,000.
Plumes à écrire en métal	La douzaine	1,000.
Plumes à écrire autres	1,000 en nomb.	2,000.
Plumes à écrire (Boites à), contenant 100 plumes taillées	La pièce	400.
Plumes de paille	*Idem*	1,000.
Plumes de parure communes grandes	*Idem*	500.
Plumes de parure communes petites	*Idem*	200.
Plumes de parure fines pour chapeaux jusqu'à 12 palmes	*Idem*	1,200.
Plumes de parure fines pour chapeaux de 12 à 16 *idem*	*Idem*	2,000.
Plumes de parure fines pour chapeaux de plus de 16 *idem*	*Idem*	3,200.
Plumes de parure fines pour plumets	*Idem*	600.
Plumes de parure fines autres, brutes	*Idem*	600.
Plumets grands	*Idem*	2,000.
Plumets petits	*Idem*	1,200.
Poêles à frire d'argile grandes	*Idem*	120.
Poêles à frire d'argile petites	*Idem*	60.
Poêles à frire de fer. (V. *Fer battu.*)		
Poids de marc pour balances	La livre	800.
Poignées *Azas* de malles. (V. *Malles. — Poignées de*)		
Poignées *Azas* de voitures, pour portières en métal	La paire	4,000.
Poignées *Punhos* d'épées en fer	La pièce	400.
Poignées *Puxadores* de commodes	La douzaine	1,200.
Poils de bœufs ou de boucs	L'arrobe	1,000.
Poils de veau	La livre	160.
Poils (Râclures de)	*Idem*	160.
Poinçons de cordonniers	La grosse	640.
Pointes de fer *Brochas* pour cordonniers. (V. *Alènes.*)		
Pointes de fer *Brochas* autres, à deux têtes	1,000 en nomb.	600.
Pointes de fer *Puas* pour tisserans	La pièce	1,600.
Poires sèches	La livre	200.
Poires à poudre en acier	La pièce	600.
Poires à poudre en corne commune	*Idem*	200.
Poires à poudre en corne fine	(*Comme d'acier.*)	
Poires à poudre en cuir	(*Comme d'acier.*)	
Poires à poudre en cuivre	(*Comme d'acier.*)	
Poires à poudre en fer-blanc verni	(*Comme d'acier.*)	
Poires à poudre en os	(*Comme d'acier.*)	
Pois chiches	L'alquetre	1,400.
Pois autres	*Idem*	1,920.
Poissons *Bagres*	1,000 en nomb.	5,000.
Poissons *de Canta*	*Idem*	5,000.
Poissons Tanches sèches	*Idem*	5,000.
Poissons non dénommés, salés ou secs	L'arrobe	1,200.
Poivre long	La livre	480.
Poivre autre	*Idem*	150.
Poix de Bourgogne	*Idem*	400.
Poix autre	Le baril	4,500.

MARCHANDISES.	UNITÉS.	ÉVALUATIONS.
		Reis.
Polissoirs... de cordonniers, en bois	La pièce	80.
de doreurs	*Idem*	400.
Polium des montagnes	La livre	300.
Polygala	*Idem*	600.
Polypode	*Idem*	320.
Pommade... mercurielle	*Idem*	1,920.
autre... en bâtons... grands	La douzaine	240.
petits	*Idem*	80.
en pots... grands	La pièce	200.
petits	*Idem*	160.
Pommes... de cyprès	La livre	120.
communes	100 en nomb.	1,000.
Pommes de terre... d'Angleterre	L'arrobe	640.
autres. (Farine de)	La livre	60.
Pommes (*Massanetas*) de plomb doré pour grilles et balcons	La pièce	1,600.
Pompes... de bois pour tonneaux	*Idem*	1,000.
de bronze avec leurs tuyaux	*Idem*	8,000.
de cuivre... pour puits	*Idem*	60,000.
autres... avec leurs tuyaux	*Idem*	8,000.
sans leurs tuyaux	*Idem*	2,400.
de fer-blanc... à robinet	*Idem*	2,000.
autres	*Idem*	1,000.
de plomb pour puits. (*Comme de Cuivre.*)		
autres... à air	La pièce	80,000.
à arrosemens	*Idem*	60,000.
Porte-amadou... en fer-blanc	*Idem*	160.
en laiton	*Idem*	240.
Porte cigares... de bois	La douzaine	1,200.
de corne	*Idem*	1,200.
d'ivoire	La pièce	200.
de verre	100 en nomb.	4,000.
Porte-crayons de métal	La douzaine	1,200.
Porte-feuilles... à papier, en carton	La pièce	1,000.
de poche... avec *estojo*	*Idem*	800.
sans *estojo*	*Idem*	320.
Porte-guides... en plaqué, avec ou sans écrou	*Idem*	500.
(Supports de) pour sellettes	La douzaine	700.
Porte-montres... en albâtre	*Idem*	2,000.
en chenille	*Idem*	1,600.
Porte-mouchettes. (V. *Mouchettes.*)		
Porte-voix de fer-blanc pour navires	La pièce	800.
Potasse... brute	La livre	80.
épurée	*Idem*	320.
Pots... *Jarro* à eau... d'étain... avec cuvettes	La pièce	1,600.
sans cuvettes	*Idem*	800.
de fer	*Idem*	600.
de fer-blanc verni, sans cuvettes	*Idem*	4,000.
de laiton, avec cuvettes	*Idem*	2,000.
Retrete de chambre, en étain	*Idem*	1,500.

MARCHANDISES.	UNITÉS.	ÉVALUATIONS.
		Reis.
Poucettes pour nègres	La pièce	240.
Poudre de *ararobá*	La livre	400.
Poudre d'argent pour écriture	*Idem*	4,000.
Poudre astringente	*Idem*	600.
Poudre dentifrice en boîte	Les 12 boîtes	1,000.
Poudre de *diamargariton*	La livre	4,000.
Poudre de *diarrhodon abbade*	*Idem*	6,400.
Poudre d'ivoire brûlé	*Idem*	200.
Poudre de *joannes*	*Idem*	1,000.
Poudre à souliers	*Idem*	200.
Poudre à teindre les cheveux, en boîte	La boîte	240.
Poudre à tirer	Le quintal	40,000.
Poudre vipérine	La livre	9,600.
Pouillot	*Idem*	200.
Poulies de fer ou de laiton	La douzaine	2,000.
Pouliot sauvage	La livre	160.
Poupées de bois	Le pièce	480.
Poupées de carton	*Idem*	480.
Poupées de cire	*Idem*	2,000.
Poupées de terre à la pièce	*Idem*	480.
Poupées de terre à la douzaine	La douzaine	200.
Poupées autres de l'Inde, en caisses	La pièce	3,200.
Poupées autres habillées	*Idem*	4,800.
Précipité persique	L'once	600.
Presses à copier des lettres, avec ou sans accessoires	La pièce	16,000.
Presses à faire des plis aux bottes, en bois	*Idem*	2,400.
Presses à presser le linge	*Idem*	75,000.
Prix courans imprimés	La feuille	10.
Prunes	L'arrobe	2,400.
Pupitres, *Estantes*, à missel	La pièce	2,000.
Pupitres, *Estantes*, autres marquetés d'ivoire ou de nacre de perle	*Idem*	4,800.
Pupitres, *Escrevaninhas*, pour dessus de table avec accessoires seulement pour écrire, grands	*Idem*	15,000.
Pupitres, *Escrevaninhas*, pour dessus de table avec accessoires seulement pour écrire, moins grands	*Idem*	10,000.
Pupitres, *Escrevaninhas*, *com pes para escriptorio*, de *mogno* et autres bois fins	*Idem*	80,000.
Pupitres, *Escrevaninhas*, *com pes para escriptorio*, de tout autre bois	*Idem*	20,000.
Pupitres, *Escrevaninhas*, autres de tôle vernie, de 1 1/2 palme	*Idem*	6,000.
Pupitres, *Escrevaninhas*, autres de tôle vernie, de plus de 1 1/2 palme	*Idem*	15,000.
Pupitres, *Papeleirinhas*, de paille	*Idem*	24,000.
Pupitres, *Papeleirinhas*, de tôle vernie jusqu'à 3 palmes	*Idem*	20,000.
Quassia (Râpures de), autre (V. *Bois autres que communs.*)		
Quindareza	La douzaine	4,500.
Quinquets. (V. *Lampes. Candieiros de table.*)		
Quinquina	La livre	600.
Quintille	*Idem*	1,600.
Rabats de prêtres	La pièce	480.
Rabots, *Junteiras* de menuisier	*Idem*	600.
Rabots, *Plainas*, montés	*Idem*	400.
Rabots, *Plainas* (Fers de)	La douzaine	960.
Rabots, *Rebotes* courbés	La pièce	400.

MARCHANDISES.	UNITÉS.	ÉVALUATIONS.
		Reis.
Racines d'ache	La livre	160.
d'althœa ou guimauve	*Idem*	60.
d'angélique	*Idem*	600.
d'asperge	*Idem*	160.
de *bergula serpens*	*Idem*	400.
de *bilhakoy*	*Idem*	400.
de bistorte	*Idem*	160.
de bourrache	*Idem*	200.
de brione	*Idem*	400.
de buglosse	*Idem*	400.
de cabaret	*Idem*	800.
de *cardazol*	*Idem*	400.
de chicorée — *Almeiros* sauvage	*Idem*	50.
de chicorée — *Chicorea*	*Idem*	120.
de la Chine	*Idem*	240.
de colchique	*Idem*	800.
de concombre sauvage	*Idem*	400.
de consoude	*Idem*	300.
de contrayerva	*Idem*	160.
de couleuvrée	*Idem*	400.
de cynoglosse	*Idem*	200.
de fenouil	*Idem*	160.
de fleurs	*Idem*	320.
de galanga	*Idem*	600.
de hièble	*Idem*	400.
d'impératoire	*Idem*	600.
de jalap	*Idem*	400.
de patience	*Idem*	160.
de pepins de Saint-Grégoire. (V. *de concombre sauvage.*)		
de persil	*Idem*	160.
de pissenlit	*Idem*	160.
de pyrèthre	*Idem*	600.
de ratanhia	*Idem*	400.
de salep	*Idem*	800.
de saponaire	*Idem*	300.
de scorsonère	*Idem*	400.
de souchet	*Idem*	400.
de *symphitico*	*Idem*	300.
de tormentille	*Idem*	160.
de zédoaire	*Idem*	200.
Raisins secs	L'arrobe	1,600.
Raisin d'ours	La livre	400.
Rameaux de plomb pour chapelles d'enfans — grands	La douzaine	120.
Rameaux de plomb pour chapelles d'enfans — petits	*Idem*	60.
Râpes — grandes	*Idem*	2,500.
Râpes — petites	*Idem*	360.
Rasoirs avec étuis en bois, renfermant 2 rasoirs — communs	La pièce	1,000.
Rasoirs avec étuis en bois, renfermant 2 rasoirs — fins	*Idem*	2,000.
Rasoirs avec étuis en bois, renfermant 4 ou 6 rasoirs	*Idem*	4,000.
Rasoirs avec étuis autres, renfermant 2 rasoirs	*Idem*	2,000.
Rasoirs avec étuis autres, renfermant 4 *idem*	*Idem*	3,100.
Rasoirs avec étuis autres, renfermant 6 *idem*	*Idem*	4,800.
Rasoirs autres	La douzaine	1,200.
Rasoirs (Cuirs à.) V. *Cuirs.*		
Rateaux de fer	La pièce	960.

MARCHANDISES.	UNITÉS.	ÉVALUATIONS.
		Reis.
Ratières : en bois à ressort	La pièce	120.
Ratières : en fer	Idem	200.
Ratières : en fil d'archal : grandes	Idem	800.
Ratières : en fil d'archal : moyennes	Idem	400.
Ratières : en fil d'archal : petites	Idem	200.
Ratine. (V. *Tissus de laine.*)		
Ratissoires : pour maisons ou navires, en fer	La douzaine	1,920.
Ratissoires : pour papier	Idem	600.
Raves sauvages	La livre	200.
Redingotes : *Robiçoes* pour femme, de coton et soie	Idem	24,000.
Redingotes : *Sobrecazacas* : de drap : commun	La pièce	14,000.
Redingotes : *Sobrecazacas* : de drap : fin	Idem	30,000.
Redingotes : *Sobrecazacas* : de serge, laine ou étoffe analogue	Idem	10,000.
Règles de timonniers de navires	Idem	320.
Réglisse : (Jus de)	La livre	320.
Réglisse : (Racine de)	L'arrobe	2,400.
Reliquaires : de bronze, à dorer : jusqu'à 2 1/2 palmes	La pièce	16,000.
Reliquaires : de bronze, à dorer : plus grands	Idem	30,000.
Reliquaires : d'étain	La douzaine	960.
Reliquaires : de laiton	Idem	960.
Reliquaires : de plomb pour chapelles d'enfans et autres	Idem	60.
Reliques	La pièce	60.
Résine : de bois saint	La livre	160.
Résine : de jalap	Idem	8,000.
Résine : de pin	L'arrobe	800.
Résine : de pommes de terre	La livre	2,000.
Ressorts : de marteau de porte. (V. *Marteau.*)		
Ressorts : de voitures : *Carreteis*, pour glaces	La paire	950.
Ressorts : de voitures : *Molas* : pour derrière, de plus de 1 1/2 palme	Idem	24,000.
Ressorts : de voitures : *Molas* : pour devant, de 1 1/2 palme	Idem	6,000.
Ressorts : de voitures : *Molas* : pour traits de voitures : à 4 chevaux	La douzaine	12,000.
Ressorts : de voitures : *Molas* : pour traits de voitures : à 2 roues	Idem	8,000.
Ressorts : de voitures : *Molas* : autres : de fer	La paire	4,000.
Ressorts : de voitures : *Molas* : autres : de plaqué : à gonds : plaqués des deux cotés	Idem	18,000.
Ressorts : de voitures : *Molas* : autres : de plaqué : à gonds : plaqués en dehors	Idem	13,000.
Ressorts : de voitures : *Molas* : autres : de plaqué : à gonds : autres	Idem	10,000.
Ressorts : de voitures : *Molas* : autres : de plaqué : autres *para cabeças fixas*	Idem	8,000.
Rhubarbe	La livre	1,000.
Rideaux de damas pour portes : avec franges	La pièce	16,000.
Rideaux de damas pour portes : sans franges	Idem	12,000.
Riz : étranger	L'arrobe	860.
Riz : autre en balles	L'alqueire	400.
Rob-antisiphilitique	La livre	1,800.
Robes : *Becas* de magistrats, brodées	La pièce	45,000.
Robes : *Japonas* de chambre de toute sorte	Idem	2,400.
Robes : *Regalos* de toute sorte	Idem	12,800.
Robes : *Vestidos* : confectionnées. En sus de l'évaluation du coupon et de la garniture	Idem	3,200.
Robes : *Vestidos* : taillées. En sus de l'évaluation du coupon et de la garniture	Idem	1,200.

MARCHANDISES.	UNITÉS.	ÉVALUATIONS.
		Reis.
Robes (Suite). Vestidos (Suite). en coupons — de coton.		
de batiste brodée — commune	La pièce	6,000.
de batiste brodée — fine	Idem	12,000.
de calicot — damassé, brodé ou broché en blanc ou en couleur avec bordures tissues ou brodées — commun	Idem	8,000.
de calicot — damassé, brodé ou broché en blanc ou en couleur avec bordures tissues ou brodées — mi-fin	Idem	16,000.
de calicot — damassé, brodé ou broché en blanc ou en couleur avec bordures tissues ou brodées — fin	Idem	24,000.
de calicot — peint ou façonné	Idem	1,300.
de escorcia. (Comme de calicot.)		
de gaze blanche, de couleur, brochée ou unie avec bordures, brochées ou tissues	Idem	3,200.
d'indienne — bleue avec bordures	Idem	800.
d'indienne — écarlate de France ou façon de France	Idem	4,000.
d'indienne — autre de couleur	Idem	1,000.
de marceline peinte. *(Comme de calicot peint.)*		
de mousseline — de l'Inde ou façon de l'Inde, avec bordures brodées ou tissues blanches ou de couleur — commune	Idem	4,000.
de mousseline — de l'Inde ou façon de l'Inde, avec bordures brodées ou tissues blanches ou de couleur — mi-fine	Idem	8,000.
de mousseline — de l'Inde ou façon de l'Inde, avec bordures brodées ou tissues blanches ou de couleur — fine	Idem	12,000.
de mousseline — de l'Inde ou façon de l'Inde, avec bordures brodées ou tissues blanches ou de couleur — superfine	Idem	24,000.
de mousseline — de l'Inde ou façon de l'Inde, brodée en argent ou en or — commune	Idem	8,000.
de mousseline — de l'Inde ou façon de l'Inde, brodée en argent ou en or — fine	Idem	16,000.
de mousseline — de l'Inde ou façon de l'Inde, brodée en argent ou en or — superfine	Idem	32,000.
de mousseline — autre — damassée. *(Comme de calicot damassé.)*		
de mousseline — autre — peinte — commune	Idem	1,800.
de mousseline — autre — peinte — fine	Idem	3,000.
de percale. *(Comme de calicot.)*		
de tulle. *(Comme de calicot.)*		
autre, quadrillé avec bordures	Idem	720.
de laine.		
de Cachemire — brodée en argent ou or	Idem	160,000.
de Cachemire — autre	Idem	80,000.
autre façon Cachemire	Idem	16,000.
de lin.		
de batiste brodée — commune	Idem	12,000.
de batiste brodée — fine	Idem	24,000.
de dentelle brodée	Idem	50,000.
de soie.		
de crèpe (*Tonquim*) — brodé — en argent ou or	Idem	30,000.
de crèpe (*Tonquim*) — brodé — en blanc ou en couleur	Idem	16,000.
de crèpe (*Tonquim*) — damassé	Idem	10,000.
de gaze. *(Comme de coton.)*		
de satin — à queue brodées — en argent ou or	Idem	48,000.
de satin — à queue brodées — autres	Idem	30,000.
de satin — autres — brodées — en argent ou or	Idem	32,000.
de satin — autres — brodées — autres	Idem	20,000.
de satin — autres — à bordures	Idem	8,000.
de tricot	Idem	4,000.
de tulle brodé — en argent ou or — faux — à queue	Idem	30,000.
de tulle brodé — en argent ou or — faux — autres	Idem	20,000.
de tulle brodé — en argent ou or — fins — à queue	Idem	48,000.
de tulle brodé — en argent ou or — fins — autres	Idem	32,000.
de tulle brodé — en blanc ou en couleur — à queue	Idem	18,000.
de tulle brodé — en blanc ou en couleur — autres	Idem	12,000.

Nota. Les robes avec bouffans ou garnitures de rubans, sont évaluées 10 p. o/o en sus de leur qualité respective.

MARCHANDISES.	UNITÉS.	ÉVALUATIONS.
		Reis.
Robinets de bronze ou de laiton — pour tonneaux et ouvrages de chaudronnerie	La livre	300.
Robinets de bronze ou de laiton — autres	La douzaine	3,200.
Romarin — *Alecrim*	La livre	60.
Romarin — *Rosmarino*	*Idem*	200.
Rosaires en missangues	La grosse	600.
Roses sèches	La livre	240.
Rotin — brut	*Idem*	80.
Rotin — Paille de pour chaises	*Idem*	800.
Rotin — Tresses de pour chaises	La pièce	1,200.
Rouen ou platille de fil. (V. *Tissus de lin.*)		
Roues — pour *carro*	La paire	20,000.
Roues — pour *carroça*	*Idem*	30,000.
Roues — pour *carruagens* ou *seges* — grandes	*Idem*	40,000.
Roues — pour *carruagens* ou *seges* — petites	*Idem*	30,000.
Rouge	La livre	1,600.
Rubans — de gaze, unis ou façonnés, de 25 vares de long — de 1/4 de pouce de large	La pièce	560.
Rubans — de gaze … — de 1/2 *idem*	*Idem*	700.
Rubans — de gaze … — de 3/4 *idem*	*Idem*	1,000.
Rubans — de gaze … — de 7/8 *idem*	*Idem*	1,200.
Rubans — de gaze … — de 1 *idem*	*Idem*	1,600.
Rubans — de gaze … — de 1 1/4 *idem*	*Idem*	2,000.
Rubans — de gaze … — de 1 1/2 *idem*	*Idem*	2,400.
Rubans — de gaze … — de 2 *idem*	*Idem*	3,600.
Rubans — de gaze … — de 2 1/2 *idem*	*Idem*	4,400.
Rubans — de gaze … — de plus de 2 1/2 *idem*	*Idem*	5,600.
Rubans — de paille, pour garnitures de chapeaux, — en pièces — de 1 pouce de large	La vare	200.
Rubans — de paille … — en pièces — de 1 à 2 *idem*	*Idem*	300.
Rubans — de paille … — en pièces — de 2 à 3 *idem*	*Idem*	400.
Rubans — de paille … — en pièces — de plus de 3 *idem*	Évaluation proportionnelle.	
Rubans — de paille … — autres avec glands	La vare	320.
Rubans — de perles de verre	*Idem*	480.
Rubans — de satin lustré. (*Comme de gaze*).		
Rubans — de taffetas, unis ou façonnés, de 25 vares de long — de 1/2 pouce de large	La pièce	300.
Rubans — de taffetas … — de 3/4 *idem*	*Idem*	600.
Rubans — de taffetas … — de 1 *idem*	*Idem*	1,000.
Rubans — de taffetas … — de 1 1/4 *idem*	*Idem*	1,200.
Rubans — de taffetas … — de 1 1/2 *idem*	*Idem*	2,000.
Rubans — de taffetas … — de 2 *idem*	*Idem*	2,400.
Rubans — de taffetas … — de 2 1/2 *idem*	*Idem*	3,200.
Rubans — de taffetas … — de plus de 2 1/2 *idem*	*Idem*	4,000.
Rubans — de velours ou veloutés, unis, façonnés, de toute couleur, de 25 vares de long — de 1/2 pouce de large	*Idem*	1,000.
Rubans — de velours … — de 3/4 *idem*	*Idem*	1,600.
Rubans — de velours … — de 1 *idem*	*Idem*	2,000.
Rubans — de velours … — de 1 1/4 *idem*	*Idem*	2,500.
Rubans — de velours … — de 1 1/2 *idem*	*Idem*	3,000.
Rubans — de velours … — de 2 1/4 *idem*	*Idem*	3,600.
Rubans — de velours … — de plus de 2 1/4 *idem*	*Idem*	6,000.
Rubans — autres — pour broder, très-étroits, en pièces de 25 vares	*Idem*	250.
Rubans — autres — pour décorations (*habito*) de toute couleur, de 12 vares de long — de 1/2 pouce de large	*Idem*	1,200.
Rubans — autres — pour décorations … — de 1 *idem*	*Idem*	1,800.
Rubans — autres — pour décorations … — de 1 1/2 *idem*	*Idem*	3,200.
Rubans — autres — pour décorations … — de 2 *idem*	*Idem*	6,000.
Rubans — autres — pour décorations … — de 2 1/2 *idem*	*Idem*	9,000.
Rubans — autres — pour décorations … — de 3 *idem*	*Idem*	12,000.
Rubans — autres — pour décorations … — de plus de 3 *idem*	*Idem*	16,000.
Rubans — autres — pour montres — en verroterie. (V. *Verroterie.*)		
Rubans — autres — pour montres — autres	*Idem*	960.

MARCHANDISES.	UNITÉS.	ÉVALUATIONS.
		Reis.
Rubans (*Suite*). Nœuds de) pour chapeaux	La pièce	800.
— pour cheveux, vernis	*Idem*	120.
— pour femmes	*Idem*	1,600.
— pour perruques	*Idem*	100.
— autres	*Idem*	200.
Rum	La livre	1,200.
Sabine	*Idem*	200.
Sable à mouler	L'alqueire	320.
Sable autre, de couleur, en boîte	Les 12 boîtes	1,720.
— — — autre	La livre	240.
— autre, autre	*Idem*	600.
Sabliers de toute sorte	La douzaine	2,400.
Sabots montés	La paire	300.
Sabots, Courroies de) en peau fine	*Idem*	40.
Sabres, *Espadas* communs, polis	La pièce	4,000.
— — autres avec fourreaux de cuir	*Idem*	500.
— — — de fer uni ou verni	*Idem*	2,000.
— — — de laiton	*Idem*	3,200.
— *Espadas* fins de toute qualité	*Idem*	9,000.
— *Espadinhas* pour enfans, petits, avec fourreaux de fer	*Idem*	600.
— — de fer-blanc	*Idem*	320.
— — de laiton	*Idem*	800.
— *Tracados* riches, à poignées d'ivoire ou de métal	*Idem*	3,600.
— — autres	*Idem*	9,000.
— Crochets de). (V. *Crochets*).		
— Lames de) communes	*Idem*	440.
— — fines	*Idem*	2,000.
Sabretaches, *Canannas* d'officiers	*Idem*	4,000.
— *Carteira* pour enfans	*Idem*	320.
Sacs de nuit en laine avec cadenas	*Idem*	3,200.
— à ouvrage pour femmes, en filigrane ou autre métal	*Idem*	4,000.
— — autres	*Idem*	2,400.
— — Fermoirs de) en métal	La douzaine	4,800.
— à plomb	La pièce	800.
— autres de chanvre, de l'Inde, ordinaires	*Idem*	160.
— — autres contenant 5 arrobes	*Idem*	250.
Safran apéritif	La livre	800.
— des îles	*Idem*	80.
— autre	*Idem*	7,000.
Sagou	*Idem*	150.
Saindoux	L'arrobe	1,600.
Salep	La livre	800.
Salières en plaqué	La pièce	1,000.
Salpêtre brut	L'arrobe	4,800.
— épuré	La livre	400.
Salsepareille	L'arrobe	10,000.
Sandales	La paire	960.
Sang de bouc	La livre	1,200.
— de dragon	*Idem*	1,000.
Sangles de coton, laine, chanvre, dites surfaits	La pièce	320.
— — autres en pièces	La vare	400.
— de cuir	La paire	320.

MARCHANDISES.	UNITÉS.	ÉVALUATIONS.
		Reis.
Sanicle	La livre	240.
Saponaire	*Idem*	160.
Saragosse … Sarcinets de l'Inde. (V. *Tissus.*)		
Sarcloirs … de tonneliers	La pièce	400.
Sarcloirs … autres	*Idem*	200.
Sardines	1,000 en nomb.	1,000.
Satin … Satinette … (V. *Tissus en soie.*)		
Saucissons	La livre	320.
Sauge	*Idem*	200.
Sautereaux plaqués	La douzaine	8,000.
Savon … pour barbe, en boîtes … de bois	La pièce	100.
Savon … pour barbe, en boîtes … d'étain	*Idem*	160.
Savon … pour bottes, en poudre	La livre	100.
Savon … autre … en pains	L'arrobe	3,200.
Savon … autre … en pâte	*Idem*	1,000.
Savon … autre … en poudre, ou boîtes	Les 12 boîtes	960.
Savonnettes … communes	La pièce	60.
Savonnettes … fines	*Idem*	160.
Nota. Les évaluations ne s'appliquent qu'aux savonnettes de grosseur ordinaire.		
Scabieuse	La livre	120.
Scalpels … *Escarnadeiras*	La pièce	300.
Scalpels … *Escarpulas* de fer	*Idem*	120.
Scammonée	La livre	3,200.
Scapulaires … brodés	La pièce	100.
Scapulaires … unis	*Idem*	60.
Sceaux de fer-blanc	*Idem*	960.
Schakots … communs, pour soldats	*Idem*	640.
Schakots … fins, pour officiers, en castor … garnis	*Idem*	16,000.
Schakots … fins, pour officiers, en castor … non garnis	*Idem*	4,000.
Schénante	La livre	640.
Scies … de chirurgie	La pièce	1,800.
Scies … autres … de long … anglaises	*Idem*	2,000.
Scies … autres … de long … portugaises	*Idem*	1,000.
Scies … autres … de long … autres grandes, pour moulins	*Idem*	4,800.
Scies … autres … de long … (Anneaux pour)	*Idem*	200.
Scies … autres … à main … *Serras* … montées en bois	La douzaine	4,800.
Scies … autres … à main … *Serras* … autres	*Idem*	2,400.
Scies … autres … à main … *Serrotes*	*Idem*	9,600.
Scies … autres … à main … (Montures de) (*Armaçao*) en bois	La pièce	640.
Scies … (Garnitures de) en acier et à ressorts … de 1 palme	*Idem*	480.
Scies … (Garnitures de) en acier et à ressorts … de plus de 1 palme	*Idem*	1,600.
Scies … (Lames de). (V. *Lames.*)		
Secrétaires en bois … communs de toutes grandeurs	*Idem*	50,000.
Secrétaires en bois … autres que communs, avec ou sans marbre … grands	*Idem*	100,000.
Secrétaires en bois … autres que communs, avec ou sans marbre … moyens	*Idem*	80,000.

MARCHANDISES.	UNITÉS.	ÉVALUATIONS.
Seigle. (V. *Grains.*)		Reis.
Seines ou filets de pêche. *de arrasto*	La pièce.	12,800.
Seines ou filets de pêche. *de Capitania*, ou façon *Capitania*, blanc	*Idem.*	800.
Seines ou filets de pêche. *de Capitania*, ou façon *Capitania*, de couleur	*Idem.*	640.
Seines ou filets de pêche. *de tresmalho*	*Idem.*	640.
Sel d'absinthe	La livre.	320.
Sel d'acier	*Idem.*	2,400.
Sel d'ambre, volatil	*Idem.*	9,600.
Sel d'ammoniac, volatil	*Idem.*	1,000.
Sel d'ammoniac, autre	*Idem.*	400.
Sel d'ammoniac, (Fleurs de)	*Idem.*	1,200.
Sel cathartique	*Idem.*	100.
Sel de corne de cerf	L'once.	400.
Sel gemme	La livre.	600.
Sel de Glauber	*Idem.*	200.
Sel de lait	*Idem*	800.
Sel de limon essentiel	*Idem.*	3,200.
Sel *de Martis de riverio*	*Idem.*	800.
Sel polychreste	*Idem.*	320.
Sel de Saturne	*Idem.*	400.
Sel *de sentauria*	*Idem.*	320.
Sel de tartre	*Idem.*	320.
Sel de vipère	*Idem.*	12,000.
Nota. Le sel commun étant l'objet d'une loi spéciale, n'est pas évalué.		
Selles de femme, *Cadurinhas* à fauteuil, en cuir, communes	La pièce.	20,000.
Selles de femme, *Cadurinhas* à fauteuil, en cuir, fines	*Idem.*	36,000.
Selles de femme, *Sellas*, avec étriers, courroies, croupières et sangles, à coussins de velours	*Idem.*	30,000.
Selles de femme, *Sellas*, avec étriers, courroies, croupières et sangles, autres brodées	*Idem.*	25,000.
Selles d'homme, de cavalerie, avec fontes et porte-manteaux	*Idem.*	20,000.
Selles d'homme, de postillon	*Idem.*	16,000.
Selles d'homme, autres, avec étriers, courroies, croupières et sangles, communes	*Idem.*	12,800.
Selles d'homme, autres, avec étriers, courroies, croupières et sangles, fines, brodées	*Idem.*	25,600.
Selles d'homme, autres, avec étriers, courroies, croupières et sangles, fines, de velours avec coussins et housses, brodées	*Idem.*	100,000.
Selles d'homme, autres, avec étriers, courroies, croupières et sangles, fines, de velours avec coussins et housses, autres	*Idem.*	30,000.
Selles d'homme, autres, avec étriers, courroies, croupières et sangles, fines, autres	*Idem.*	19,200.
Selles d'homme, autres, sans accessoires, communes	*Idem.*	10,000.
Selles d'homme, autres, sans accessoires, fines	*Idem.*	16,000.
Selles de voitures, de cabriolet (*carrinho*)	La pièce	10,000.
Selles de voitures, de carrosse (*seges*)	*Idem*	16,000.
Selles de voitures, de chaise (*carroça*)	*Idem*	7,000.
Selles, Arçons de, (V. *Arçons.*)		
Selles, Garnitures de, (*Frisos*)	La pièce.	200.
Selles, Quartiers de cuir pour	La paire.	1,200.
Selles, (*Resafas de*) de 3 *chapas*	*Idem*	280.
Sellettes de cuir garnies de plaqué	La pièce.	5,500.
Séné	La livre.	500.
Sérafine. (V. *Tissus de laine.*)		
Serge. (V. *Tissus* idem.)		
Serguilles. (V. *Tissus* idem.)		
Seringues d'étain	La pièce.	900.
Seringues d'ivoire	La douzaine.	2,400.
Seringues de laiton	La pièce.	1,000.

MARCHANDISES.	UNITÉS.	ÉVALUATIONS.
		Reis.
Seringues (*Suite*). — d'os	La douzaine	2,400.
Seringues — (Canules de). — en buis	*Idem*	600.
Seringues — (Canules de). — autres	La grosse	1,200.
Seringues — (Couronnes de)	La pièce	3,000.
Serpentaire de Virginie	La livre	800.
Serpes — à couper la canne	La pièce	120.
Serpes — à sarcler — grandes	*Idem*	240.
Serpes — à sarcler — moyennes	*Idem*	180.
Serrures — de bronze pour portes — avec loquets	La douzaine	8,000.
Serrures — de bronze pour portes — autres — grandes	La pièce	2,000.
Serrures — de bronze pour portes — autres — petites	*Idem*	1,100.
Serrures — de fer — pour armoires, commodes, &c.	La douzaine	1,400.
Serrures — de fer — pour portes — avec loquets	*Idem*	8,000.
Serrures — de fer — pour portes — avec crochets	*Idem*	6,000.
Serrures — de fer — pour portes — autres — communes	*Idem*	3,000.
Serrures — de fer — pour portes — autres — emboîtées dans le bois	*Idem*	4,000.
Serrures — de laiton — *de patente*	*Idem*	24,000.
Serrures — de laiton — autres pour armoires, commodes, &c.	*Idem*	2,000.
Serrures — non dénommées — grandes de *Porto* ou façon de *Porto* pour coffres	*Idem*	1,600.
Serrures — non dénommées — autres petites, vernies de 3 pouces	*Idem*	600.
Sifflets — de fifre	*Idem*	1,200.
Sifflets — autres — de bois	*Idem*	120.
Sifflets — autres — d'os	*Idem*	640.
Sifflets — autres — de plomb	*Idem*	120.
Sifflets — autres — de terre cuite	*Idem*	120.
Simarouba	La livre	480.
Sinapla	*Idem*	720.
Sirops — de *camoezes*	*Idem*	400.
Sirops — de *cravos hortenses*	*Idem*	800.
Sirops — d'épine vinette	*Idem*	600.
Sirops — de graines de myrte	*Idem*	480.
Sirops — de grenade	*Idem*	600.
Sirops — de kermès (V. *kermès.*)		
Sirops — de sorbier	*Idem*	600.
Sirops — de *violado* — *rouxo*	*Idem*	800.
Sirops — de *violado* — *solutivo*	*Idem*	800.
Sistres	La pièce	3,000.
Socles de pendules en bois ou en fer-blanc	*Idem*	2,000.
Sofas — de bois avec siége en paille	*Idem*	40,000.
Sofas — autres couverts — de crin, indienne ou autres tissus de coton, laine et lin	*Idem*	60,000.
Sofas — autres couverts — de damas, satin ou soie	*Idem*	100,000.
Soie moulinée — d'Italie	La livre	8,000.
Soie moulinée — autre	*Idem*	4,000.
Soies de cordonniers — en petites boîtes de 2 onces	La douzaine	1,600.
Soies de cordonniers — autres	La livre	1,200.
Soldanelle	*Idem*	200.
Soleils — de cuivre jaune pour bonnets militaires	La pièce	1,000.
Soleils — de plomb pour jouets d'enfans	La douzaine	60.
Sondes de fer pour chirurgie	La pièce	320.

MARCHANDISES.				UNITÉS.	ÉVALUATIONS.
					Reis.
Sonnettes	pour bêtes de somme			La pièce	200.
	pour chapelles d'enfans, en plomb			La douzaine	480.
	pour églises	de métal	communes	La pièce	200.
			fines	*Idem*	400.
		de plaqué		*Idem*	400.
	pour musique militaire			Le *jogo*	12,800.
Soucoupes	d'étain			La pièce	800.
	de laiton			*Idem*	1,200.
	de plaqué jusqu'à 1 palme			*Idem*	3,200.
Soude	(Poudre de) en boîtes de 24 paquets			La boîte	260.
	autre			L'arrobe	2,600.
Soudure				La livre	280.
Soufflets	de forgerons			La pièce	24,000.
	d'orfèvres			*Idem*	2,400.
	autres à main			*Idem*	800.
Soufre	brut			L'arrobe	1,200.
	(Fleurs de)			La livre	100.
	(Lait de)			*Idem*	400.
Souliers	d'enfans	de cuir	anglais	La paire	1,000.
			autres jusqu'à 8 pouces	*Idem*	600.
		de maroquin et autres peaux fines		*Idem*	500.
	de femmes	de coton		*Idem*	800.
		de cuir de toute sorte		*Idem*	800.
		de fil		*Idem*	800.
		de laine		*Idem*	800.
		de soie ou satin	brodés	*Idem*	1,600.
			autres	*Idem*	800.
	d'hommes	de troupes		*Idem*	800.
		autres	anglais	*Idem*	1,600.
			autres	*Idem*	1,000.
	(Quartiers de)	pour femmes	de mouton	*Idem*	200.
			de soie ou satin brodés	*Idem*	600.
		pour hommes		*Idem*	320.
Soupières	de fer blanc			La pièce	2,000.
	de plaqué	grandes	avec plateaux	*Idem*	50,000.
			sans plateaux	*Idem*	40,000.
		petites	avec plateaux	*Idem*	12,000.
			sans plateaux	*Idem*	10,000.
Sparterie. (V. *Paille.*)					
Spatules	de chirurgie	*Escarpulas*		La pièce	300.
		Espatulas		*Idem*	200.
	pour papier, en ivoire			*Idem*	400.
	de pharmacie, en fer			*Idem*	300.
Spicanard				La livre	320.
Stylets de fer pour chirurgie				La douzaine	200.
Storax	de calamite			La livre	600.
	liquide			*Idem*	400.
Stores pour voitures				L'assort'm. de 4	7,000.
Sublimé corrosif. (V. *Mercure-Sublimé.*)					

MARCHANDISES.				UNITÉS.	ÉVALUATIONS.
					Reis.
Sucre	d'Alexandrie, roux			La livre	800.
	candi			*Idem.*	200.
	raffiné, en pains			*Idem.*	240.
Sucriers de plaqué	communs			La pièce	2,400.
	fins			*Idem*	4,800.
Suif	du Brésil	en chandelles		L'arrobe	2,400.
		autre		*Idem*	1,500.
	étranger	en chandelles		*Idem*	4,800.
		autre		*Idem*	2,000.
Sumac				*Idem*	1,200.
Surplis	de coton	brodés ou avec dentelle		La pièce	25,600.
		unis		*Idem*	4,800.
	de lin	brodés ou avec dentelle		*Idem*	40,000.
		unis		*Idem*	12,000.
Tabac	en cigares			100 en nombre.	500.
	à fumer, étranger			L'arrobe	6,400.
	râpé			La livre	1,200.
Tabatières	de bois, vernies, de Macao			La pièce	2,000.
	de buis de toute qualité			La douzaine	4,800.
	de carton	avec cercle et ornemens de métal ou de composition		*Idem*	2,400.
		à charnières		*Idem*	1,440.
		à dessus de verre et cercle de *métal*		La pièce	800.
		autres	communes	La douzaine	1,200.
			très-communes	*Idem*	640.
			fines	*Idem*	3.600.
			mi-fines	*Idem*	2,400.
	de corne			La douzaine	480.
	de cuir verni			La pièce	400.
	d'écaille, unies			*Idem*	2,000.
	de fer-blanc			La douzaine	600.
	d'os	à charnières		*Idem*	960.
		autres		*Idem*	480.
	de pâte, façonnées, à incrustations, à portraits ou unies			*Idem*	4,000.
	de verre			*Idem*	4,800.
	autres	avec incrustations ou portraits		La pièce	4,000.
		à musique		*Idem*	12,000.
Tableaux	à l'huile, avec cadres de bois moulés et dorés		de 10 pouces	*Idem*	2,000.
			de 10 à 20 *idem*	*Idem*	4,000.
			de 20 à 30 *idem*	*Idem*	8,000.
			de 30 à 40 *idem*	*Idem*	10,000.
			de 40 à 50 *idem*	*Idem*	15,000.
			de 50 à 60 *idem*	*Idem*	25,000.
			de 60 à 70 *idem*	*Idem*	35,000.
			de 70 à 80 *idem*	*Idem*	40,000.
	autres, avec verres et cadres de bois	moulés et dorés	de 10 pouces	*Idem*	4,000.
			de 10 à 20 *idem*	*Idem*	10,000.
			de 20 à 30 *idem*	*Idem*	16,000.
			de 30 à 40 *idem*	*Idem*	20,000.
		peints	de 10 pouces	*Idem*	2,000.
			de 10 à 20 *idem*	*Idem*	3,000.
			de 20 à 30 *idem*	*Idem*	8,000.
			de 30 à 40 *idem*	*Idem*	12,000.

MARCHANDISES.	UNITÉS.	ÉVALUATIONS.
		Reis.
Tables à jeu, de bois autres que communs	La pièce	20,000.
Tables à manger, grandes, de bois communs, jusqu'à 10 palmes	*Idem*	10,000.
— de 10 à 15 *idem*	*Idem*	20,000.
— de 15 à 20 *idem*	*Idem*	40,000.
— de 20 à 25 *idem*	*Idem*	60,000.
— de 25 à 30 *idem*	*Idem*	80,000.
— de plus de 30 *idem*	*Idem*	120,000.
Tables à manger, grandes, de bois autres que communs, *mogno*, *jacaranda*, jusqu'à 10 *idem*	*Idem*	20,000.
— de 10 à 15 *idem*	*Idem*	40,000.
— de 15 à 20 *idem*	*Idem*	70,000.
— de 20 à 25 *idem*	*Idem*	110,000.
— de 25 à 30 *idem*	*Idem*	130,000.
— de plus de 30 *idem*	*Idem*	200,000.
Tables à manger, petites en bois autre que commun, à déjeûner, riches, avec garnitures de métal	*Idem*	60,000.
— à déjeûner, autres, avec pierre	*Idem*	36,000.
— à thé	*Idem*	30,000.
Tables de multiplication, en rames de 20 mains	La rame	5,000.
Tables des noms de diverses marchandises	1,000 en nomb.	1,000.
Tables de pilotage	La pièce	320.
Tabliers de mousseline brodée	*Idem*	1,600.
Tabliers de satin brodé en soie	*Idem*	4,800.
Tabliers de toile cirée de 3 à 4 palmes	*Idem*	1,000.
Taffetas gommé dit d'*Angleterre*	Les 12 morceaux	800.
Taffetas autre. (V. *Tissus de soie.*)		
Taies d'oreiller de Bretagne, garnies en mousseline	La pièce	1,200.
Tamarins	La livre	200.
Tamaris avec racine	*Idem*	400.
Tambours, *Adufes* de basque, grands, fins, pour musique	La pièce	3,000.
Tambours, *Adufes* de basque, petits pour enfans	*Idem*	200.
Tambours, *Caixas* de guerre	*Idem*	4,800.
Tambours, *Pandeiros*, grands	La douzaine	3,600.
Tambours, *Pandeiros*, petits	*Idem*	1,800.
Tambours, *Tambores* pour enfans	La pièce	320.
Tamis de crin	La douzaine	1,800.
Tamis de soie	*Idem*	3,000.
Tamis, Cercles de bois pour (V. *Bois-Cercles.*)		
Tanaisie	La livre	400.
Tapis. (V. *Tissus.*)		
Targettes de fer cassant, de 12 pouces	La pièce	160.
Targettes de fer cassant, plus grandes à queue et demi-fil	*Idem*	320.
Targettes de laiton, de 1 palme	*Idem*	200.
Targettes de laiton, plus grandes	*Idem*	400.
Tarières de toute sorte	La douzaine	2,400.
Tartre cru	La livre	80.
Tartre émétique	*Idem*	1,600.
Tartre soluble, mercuriel	*Idem*	1,600.
Tartre soluble, autre	*Idem*	600.
Tartre vitriolé	*Idem*	320.
Teintures préparées	*Idem*	120.

MARCHANDISES.				UNITÉS.	ÉVALUATIONS.
					Reis.
Télescopes..	de bois.....	acromatiques		La pièce.....	40,000.
		communs		*Idem*.........	6,000.
		fins		*Idem*........	8,000.
		surfins		*Idem*........	20,000.
		autres à pieds		*Idem*........	24,000.
	de carton jusqu'à 4 palmes			*Idem*........	800.
Tenailles....	*Alicates* de toute sorte			La douzaine...	1,600.
	Atenazes de maréchal ferrant			La pièce......	480.
	Torquezes de cordonnier.....	grandes		*Idem*........	480.
		petites		La douzaine...	1,800.
Tentes en toile				La pièce.....	40,000.
Térébenthine	brute			La livre......	80.
	fine			*Idem*.........	200.
Terre......	de couperose			*Idem*........	320.
	foliée rouge			*Idem*........	800.
	de Japon. (V. *Cachou.*)				
	violette			*Idem*........	30.
Têtes......	de bois (*Cabeças*) pour perruques			La pièce......	640.
	de carton....	(*Bustes*) pour coiffeurs et modistes		*Idem*........	2,400.
		(*Cabeças*) pour perruques		*Idem*........	640.
	de métal doré (*Carrancas*) pour décors de meubles			*Idem*........	500.
Têtières....	*Cabecadas* de toute sorte			*Idem*........	1,000.
	Cabeças de Sellim. (Lames de plaqué pour ornemens de)			*Idem*........	100.
	Testeiras pour brides plaquées			La paire.....	1,600.
Thé........	hysson et uchim			La livre......	600.
	perlé			*Idem*........	1,000.
	souchon, skin, noir			*Idem*........	400.
Théières....	*Bules*......	d'étain		La pièce.....	800.
		de fer-blanc		*Idem*........	600.
		de métal blanc		*Idem*........	1,600.
		de plaqué....	grandes	*Idem*........	7,200.
			petites	*Idem*........	3,200.
	Chaleiras....	de cuivre....	grandes	*Idem*........	3,600.
			moyennes et petites	*Idem*........	2,400.
		de fer......	battu. (V. *Fer battu.*)		
			blanc...... doublées	La pièce......	2,000.
			blanc...... vernies	*Idem*.........	1,200.
			blanc...... autres	*Idem*........	600.
			autre	La livre......	200.
Thériaque				*Idem*........	400.
Thym				*Idem*........	200.
Ticum brut				L'arrobe.....	960.
Timons.....	*Casquillas* de.	de cabriolet, plaqués		La pièce.....	6,000.
		de char-à-bancs		*Idem*........	3,000.
		de carrosse...	à 2 chevaux	*Idem*........	4,750.
			à 4 *idem*	*Idem*........	10,000.
	Varoes de plaqué			*Idem*........	15,000.
Tire-bottes de bois				*Idem*........	160.

MARCHANDISES.	UNITÉS.	ÉVALUATIONS.
		Reis.
Tire-bouchons — communs	La douzaine	1,100.
Tire-bouchons — fins 1.re qualité	*Idem*	16,800.
Tire-lignes	*Idem*	1,600.
Tissus de coton — *Algodao* — pur, du pays, commun, écru	La vare	100.
Tissus de coton — *Algodao* — mélangé de soie — jusqu'à 3 palmes de large	Le covado	200.
Tissus de coton — *Algodao* — mélangé de soie — de 3 à 5 *idem*	*Idem*	280.
Tissus de coton — *Bahé* — d'Angleterre	La pièce	1,200.
Tissus de coton — *Bahé* — de Bengale	*Idem*	1,000.
Tissus de coton — *Bahé* — de Malabar	*Idem*	800.
Tissus de coton — Basin — *Fustao* — piqué — commun	Le covado	300.
Tissus de coton — Basin — *Fustao* — piqué — fin	*Idem*	600.
Tissus de coton — Basin — *Fustao* — autre — commun	*Idem*	120.
Tissus de coton — Basin — *Fustao* — autre — fin — façonné 1.re qualité	*Idem*	300.
Tissus de coton — Basin — *Fustao* — autre — fin — uni — 1.re qualité	*Idem*	200.
Tissus de coton — Basin — *Fustao* — autre — fin — uni — autre	*Idem*	200.
Tissus de coton — Basin — *Metim* — étroit jusqu'à 2 1/2 palmes	*Idem*	160.
Tissus de coton — Basin — *Metim* — large de 4 palmes	*Idem*	200.
Tissus de coton — Batiste en pièces de 6 vares	La pièce	2,400.
Tissus de coton — *Birolas* — d'Angleterre, en pièces de 22 à 24 covados	*Idem*	2,400.
Tissus de coton — *Birolas* — de Bengale ... *idem*	*Idem*	2,400.
Tissus de coton — *Birolas* — de Malabar ... *idem*	*Idem*	2,000.
Tissus de coton — *Boralhos* — d'Angleterre	*Idem*	800.
Tissus de coton — *Boralhos* — de Bengale	*Idem*	800.
Tissus de coton — *Boralhos* — de Malabar	*Idem*	600.
Tissus de coton — *Cadeaz* — communs	Le covado	80.
Tissus de coton — *Cadeaz* — fins	*Idem*	100.
Tissus de coton — Cassinettes — imprimées ou façonnées	*Idem*	540.
Tissus de coton — Cassinettes — unies	*Idem*	400.
Tissus de coton — *Chilas*, Coromandel (*comme Cadeaz.*)		
Tissus de coton — *Cotonados* de couleur	Le covado	200.
Tissus de coton — Couvertures — *Cobertas* — pures — de Balagate ou façon Balagate	La pièce	1,000.
Tissus de coton — Couvertures — *Cobertas* — pures — de *Damao* ou *pali*	*Idem*	540.
Tissus de coton — Couvertures — *Cobertas* — pures — d'indienne — en petits morceaux	*Idem*	2,400.
Tissus de coton — Couvertures — *Cobertas* — pures — d'indienne — autres — fines et grandes de 1 *pano*	*Idem*	8,000.
Tissus de coton — Couvertures — *Cobertas* — pures — d'indienne — autres — de 2 *panos*	*Idem*	4,000.
Tissus de coton — Couvertures — *Cobertas* — pures — d'indienne — autres — de 1 1/2 *panos*	*Idem*	2,000.
Tissus de coton — Couvertures — *Cobertas* — pures — de mousseline ouvrée ou unie	*Idem*	3,000.
Tissus de coton — Couvertures — *Cobertas* — mélangées de soie — jusqu'à 9 palmes	*Idem*	12,000.
Tissus de coton — Couvertures — *Cobertas* — mélangées de soie — plus grandes	*Idem*	16,000.
Tissus de coton — Couvertures — *Cobertores* damassées ou piquées — jusqu'à 9 palmes	La pièce	9,000.
Tissus de coton — Couvertures — *Cobertores* damassées ou piquées — de 9 palmes et plus	*Idem*	12,000.
Tissus de coton — Couvertures — *Colchas* doublées et piquées	*Idem*	6,400.
Tissus de coton — Couvertures — *Mantas* pour lits, communes blanches ou rayées	*Idem*	700.
Tissus de coton — Dentelles. (V. *Dentelles.*)		
Tissus de coton — *Tafuliz.* (*Comme Cadeaz.*)		

MARCHANDISES.							UNITÉS.	ÉVALUATIONS.
								Reis.
Tissus de coton. (*Suite.*)	Gaze	*Garça*	de l'Inde	brodée en argent ou or.	faux		Le covado	600.
					fin		*Idem*	4,000.
				unie			*Idem*	200.
			autre unie				*Idem*	200.
		Volante	de 2 1/2 palmes de large				*Idem*	160.
			de 4 .... *idem*				*Idem*	240.
	Guinardas de l'Inde						*Idem*	60.
	Guingam						*Idem*	200.
	Indiennes	de Damas, ou façon Damas, communes					*Idem*	100.
		des fabriques portugaises ou façon de Portugal,	étroites				*Idem*	150.
			larges	bleues			*Idem*	150.
				autres			*Idem*	190.
		de France ou façon de France, écarlates	étroites				*Idem*	320.
			larges				*Idem*	420.
		autres	*riscados*	communs	jusqu'à 3 1/2 palmes de large		*Idem*	130.
					de 3 à 6 *idem*		*Idem*	180.
				fins	de 3 1/2 *idem*		*Idem*	150.
					de 6 *idem*		*Idem*	200.
				autres	de 4 *idem*		*Idem*	250.
					de plus de 4 *idem*		*Idem*	400.
			de toute qualité et couleur.	étroites			*Idem*	150.
				larges			*Idem*	240.
	Irlandes	jusqu'à 3 palmes					La vare	140.
		de plus de 3 palmes					*Idem*	180.
	Linas de Surate ou façon Surate	étroites					Le covado	50.
		larges					*Idem*	80.
	Linons en pièces de 6 vares						La pièce	1,700.
	Longuins. (*Comme Cadeaz*)							
	Madapolams	communs	de 3 palmes de large				La vare	120.
			de 3 à 5 *idem*				*Idem*	140.
		fins	de 3 palmes de large				*Idem*	180.
			de 3 à 5 *idem*				*Idem*	200.
	Nota. Ils doivent être évalués non sur l'évaluation des étiquettes, mais sur la qualité même des pièces.							
	Métim. (V. *Basin.*)							
	Mouchoirs	d'indienne	écarlates de France ou façon de France				La douzaine	5,600.
			à fond blanc ou de couleur	jusqu'à 26 pouces			*Idem*	1,680.
				de 26 à 36 *idem*			*Idem*	2,400.
		de mousseline	*d'Escorcia*	brodés ou façonnés			*Idem*	3,840.
				unis			*Idem*	1,920.
			de France ou façon de France, à fond rouge, à tabac				*Idem*	3,600.
			de l'Inde ou façon de l'Inde.	à tabac	*Alcobaca*, Paliacate et autres		*Idem*	4,000.
					Chandernagor, Soltarramala.	1.re et 2.e qualité	La pièce	150.
						3.e qualité	*Idem*	100.
				à vignette.	unis, blancs ou de couleur.	communs	La douzaine	6,400.
						fins	*Idem*	9,600.
					brodés ou damassés		*Idem*	14,400.

MARCHANDISES.	UNITÉS.	ÉVALUATIONS.
		Reis.
Tissus de coton (*Suite*). — Mouchoirs (*Suite*) — de mousseline. (*Suite.*) — autres à vignettes blanches, peintes ou tissues. — à tabac — communs	La douzaine..	1,200.
Tissus de coton — Mouchoirs — de mousseline — autres à vignettes… — à tabac — fins	*Idem*	2,400.
Tissus de coton — Mouchoirs — de mousseline — autres à vignettes… — à tabac — mi-fins	*Idem*	1,800.
Tissus de coton — Mouchoirs — de mousseline — autres à vignettes… — autres — communs — jusqu'à 25 pouces	*Idem*	1,000.
Tissus de coton — Mouchoirs — de mousseline — autres à vignettes… — autres — communs — de 25 à 35 *idem*	*Idem*	2,400.
Tissus de coton — Mouchoirs — de mousseline — autres à vignettes… — autres — fins — brodés — à 3 pointes	*Idem*	3,200.
Tissus de coton — Mouchoirs — de mousseline — autres à vignettes… — autres — fins — brodés — autres jusqu'à 35 pouces.	*Idem*	4,000.
Tissus de coton — Mouchoirs — de mousseline — autres à vignettes… — autres — fins — autres jusqu'à 35 pouces	*Idem*	3,600.
Tissus de coton — Mouchoirs — de peluche — à 3 pointes	La pièce	400.
Tissus de coton — Mouchoirs — de peluche — autres, carrés	*Idem*	600.
Tissus de coton — Mouchoirs — de percale. (*Comme de mousseline.*)		
Tissus de coton — Mouchoirs — de tulle — à 3 pointes	La douzaine..	1,280.
Tissus de coton — Mouchoirs — de tulle — autres brodés, façonnés ou unis	*Idem*	1,820.
Tissus de coton — Mousseline (*Suite*). — d'*Escorcia* — damassée, ouvrée — jusqu'à 4 palmes	La vare	325.
Tissus de coton — Mousseline — d'*Escorcia* — damassée, ouvrée — de plus de 4 *idem*	*Idem*	500.
Tissus de coton — Mousseline — d'*Escorcia* — unie — jusqu'à 4 palmes — commune	*Idem*	160.
Tissus de coton — Mousseline — d'*Escorcia* — unie — jusqu'à 4 palmes — fine	*Idem*	250.
Tissus de coton — Mousseline — d'*Escorcia* — unie — de plus de 4 palmes — commune	*Idem*	180.
Tissus de coton — Mousseline — d'*Escorcia* — unie — de plus de 4 palmes — fine	*Idem*	300.
Tissus de coton — Mousseline — de France, très-fine — brodée — jusqu'à 4 palmes	*Idem*	800.
Tissus de coton — Mousseline — de France, très-fine — brodée — de plus de 4 *idem*	*Idem*	2,000.
Tissus de coton — Mousseline — de France, très-fine — tissue à jour, blanche ou de couleur, — jusqu'à 4 *idem.*	*Idem*	500.
Tissus de coton — Mousseline — de France, très-fine — tissue à jour, blanche ou de couleur, — de plus de 4 *id.*	*Idem*	800.
Tissus de coton — Mousseline — de l'Inde — commune — blanche, *Beirams*, *Garrases*, &c.	*Idem*	160.
Tissus de coton — Mousseline — de l'Inde — commune — à carreaux, à raies	*Idem*	1,000.
Tissus de coton — Mousseline — de l'Inde — commune — transparente — brodée — en argent ou or	*Idem*	3,000.
Tissus de coton — Mousseline — de l'Inde — commune — transparente — brodée — autre	*Idem*	2,400.
Tissus de coton — Mousseline — de l'Inde — commune — transparente — unie	*Idem*	1,600.
Tissus de coton — Mousseline — de l'Inde — fine — blanche, *Aliabales*, *Sanas*, *Tandacks*.	*Idem*	220.
Tissus de coton — Mousseline — de l'Inde — fine — à carreaux, à raies	*Idem*	2,000.
Tissus de coton — Mousseline — de l'Inde — fine — transparente — brodée — en argent ou or	*Idem*	4,000.
Tissus de coton — Mousseline — de l'Inde — fine — transparente — brodée — autre	*Idem*	4,000.
Tissus de coton — Mousseline — de l'Inde — fine — transparente — unie	*Idem*	2,400.
Tissus de coton — Mousseline — autre — brodée — en bandes de 4 palmes de long, sur — 2 pouces de large	La bande	600.
Tissus de coton — Mousseline — autre — brodée — en bandes… — 4 *idem*	*Idem*	1,000.
Tissus de coton — Mousseline — autre — brodée — en bandes… — 6 *idem*	*Idem*	1,600.
Tissus de coton — Mousseline — autre — brodée — en bandes… — 8 *idem*	*Idem*	2,400.
Tissus de coton — Mousseline — autre — brodée — en bandes… — 10 *idem*	*Idem*	3,200.
Tissus de coton — Mousseline — autre — brodée — en bandes… — plus de 10 *idem*	*Idem*	4,000.
Tissus de coton — Mousseline — autre — brodée — autre — jusqu'à 4 palmes — commune	La vare	300.
Tissus de coton — Mousseline — autre — brodée — autre — jusqu'à 4 palmes — fine	*Idem*	600.
Tissus de coton — Mousseline — autre — brodée — autre — jusqu'à 4 palmes — très-fine	*Idem*	800.
Tissus de coton — Mousseline — autre — brodée — autre — de plus de 4 palmes — commune	*Idem*	400.
Tissus de coton — Mousseline — autre — brodée — autre — de plus de 4 palmes — fine	*Idem*	750.
Tissus de coton — Mousseline — autre — brodée — autre — de plus de 4 palmes — très-fine	*Idem*	2,000.
Tissus de coton — Mousseline — autre — façonnée — à carreaux ou à raies — jusqu'à 4 palmes — commune	*Idem*	160.
Tissus de coton — Mousseline — autre — façonnée — à carreaux ou à raies — jusqu'à 4 palmes — fine	*Idem*	250.
Tissus de coton — Mousseline — autre — façonnée — à carreaux ou à raies — de plus de 4 palmes — commune	*Idem*	180.
Tissus de coton — Mousseline — autre — façonnée — à carreaux ou à raies — de plus de 4 palmes — fine	*Idem*	300
Tissus de coton — Mousseline — autre — façonnée — tissue à jour, blanche ou de couleur — jusqu'à 4 palmes — commune	*Idem*	325.
Tissus de coton — Mousseline — autre — façonnée — tissue à jour, blanche ou de couleur — jusqu'à 4 palmes — fine	*Idem*	500.
Tissus de coton — Mousseline — autre — façonnée — tissue à jour, blanche ou de couleur — de plus de 4 palmes — commune	*Idem*	360.
Tissus de coton — Mousseline — autre — façonnée — tissue à jour, blanche ou de couleur — de plus de 4 palmes — fine	*Idem*	800.

MARCHANDISES.	UNITÉS.	ÉVALUATIONS.
		Reis.
Tissus de coton. (*Suite.*) — Mousseline autre. (*Suite.*) — transparente — jusqu'à 4 palmes — commune	La vare	160.
fine	*Idem*	400.
mi-fine	*Idem*	300.
de plus de 4 palmes — commune	*Idem*	200.
fine	*Idem*	600.
mi-fine	*Idem*	400.
autre — commune, blanche, façon de l'Inde et autre	*Idem*	160.
fine, façon de l'Inde, d'Angleterre et autre	*Idem*	220.
Murcelina brodée — jusqu'à 2 palmes 1/2	Le covado	160.
de 2 palmes 1/2 à 4 palmes	*Idem*	200.
Murim — de l'Inde	La vare	800.
autre — commun	*Idem*	260.
fin	*Idem*	440.
Nota. Même observation que pour les Madapolams.		
Nankinas. (Comme *Cadeaz.*)		
Nankin des Indes ou façon des Indes — pur — bleu, en pièces de 14 *covados*	La pièce	1,200.
écarlate, 30 p. o/o en sus des évaluations indiquées pour les autres espèces.		
jaune en pièces de 7 *covados*	*Idem*	600.
de 10 *idem*	*Idem*	1,000.
rayé ou *Rapoes.* (V. *Nankinette.*)		
mélangé de soie	Le covado	250.
Nankinette — de peluche	*Idem*	320.
autre de couleur — de 2 palmes	*Idem*	80.
de 3 *idem*	*Idem*	140.
de plus de 3 *idem*	*Idem*	220.
Nappes — façonnées ou damassées — jusqu'à 6 palmes	La pièce	800.
de 6 à 8 *idem*	*Idem*	1,000.
de 8 à 10 *idem*	*Idem*	1,200.
de 10 à 12 *idem*	*Idem*	1,600.
de 12 à 20 *idem*	*Idem*	2,800.
de 20 à 30 *idem*	*Idem*	5,000.
de 30 à 40 *idem*	*Idem*	8,000.
de plus de 40 *idem*	*Idem*	12,000.
unies, brodées ou de couleur — jusqu'à 12 *idem*	*Idem*	1,000.
de 12 à 20 *idem*	*Idem*	2,000.
Panos — pour doubler les malles — communs	*Idem*	800.
fins	*Idem*	1,200.
pour nègres — communs	*Idem*	600.
fins	*Idem*	800.
autres — écrus — du pays	La vare	80.
autres — jusqu'à 30 pouces	*Idem*	160.
de 30 à 40 *idem*	*Idem*	240.
façonnés pour nappes et serviettes — communs — jusqu'à 3 palmes	*Idem*	200.
de 3 à 6 *idem*	*Idem*	360.
de 6 à 9 *idem*	*Idem*	480.
de 9 à 12 *idem*	*Idem*	800.
fins — jusqu'à 3 *idem*	*Idem*	240.
de 3 à 6 *idem*	*Idem*	560.
de 6 à 9 *idem*	*Idem*	720.
de 9 à 12 *idem*	*Idem*	1,200.

MARCHANDISES.		UNITÉS.	ÉVALUATIONS.
			Reis.
Tissus de coton. (*Suite.*)	Peluche	Le covado	400.
	Perkale — brodée ou à points de dentelle, jusqu'à 6 palmes	La vare	500.
	Perkale — façonnée ou à jour jusqu'à 6 palmes — commune	*Idem*	280.
	Perkale — façonnée ou à jour jusqu'à 6 palmes — fine	*Idem*	420.
	Perkale — autre — de couleur — jusqu'à 3 palmes	Le covado	100.
	Perkale — autre — de couleur — de 3 à 6 *idem*	*Idem*	180.
	Perkale — autre — autre en pièces de 10 vares — commune — jusqu'à 4 *idem*	La pièce	1,600.
	Perkale — autre — autre en pièces de 10 vares — commune — de 4 à 6 *idem*	*Idem*	2,400.
	Perkale — autre — autre en pièces de 10 vares — commune — de 6 à 8 *idem*	*Idem*	3,600.
	Perkale — autre — autre en pièces de 10 vares — fine — jusqu'à 4 *idem*	*Idem*	3,200.
	Perkale — autre — autre en pièces de 10 vares — fine — de 4 à 6 *idem*	*Idem*	3,800.
	Perkale — autre — autre en pièces de 10 vares — fine — de 6 à 8 *idem*	*Idem*	5,000.
	Platilles — étroites jusqu'à 3 palmes	La vare	140.
	Platilles — larges de 3 palmes et plus	*Idem*	180.
	Rapuo. (V. *Nankinette de couleur.*)		
	Rets de Saint-Paul ou façon de Saint-Paul. (V. *Hamacs.*)		
	Satinette blanche ou de couleur	Le covado	260.
	Schalls — d'indienne — écarlates de France ou façon de France — de 4 1/2 à 5 1/2 palmes	La pièce	12,000.
	Schalls — d'indienne — écarlates de France ou façon de France — de 5 1/2 à 6 1/2 *idem*	*Idem*	14,000.
	Schalls — d'indienne — écarlates de France ou façon de France — de plus de 6 1/2 *idem*	*Idem*	16,000.
	Schalls — d'indienne — autres, de toutes qualités — de 4 1/2 à 5 1/2 *idem*	La douzaine	4,800.
	Schalls — d'indienne — autres, de toutes qualités — de 5 1/2 à 6 1/2 *idem*	*Idem*	6,000.
	Schalls — d'indienne — autres, de toutes qualités — de plus de 6 1/2 *idem*	*Idem*	8,400.
	Schalls — de *metim* uni, tissu à jour. (*Comme de mousseline autre que de l'Inde.*)		
	Schalls — de mousseline — de l'Inde, brodée — en argent ou or	La pièce	20,000.
	Schalls — de mousseline — de l'Inde, brodée — en blanc ou en couleur	*Idem*	12,000.
	Schalls — de mousseline — autre — brochée — en argent ou or faux ou en soie — de 4 1/2 à 5 1/2 palmes	La douzaine	6,000.
	Schalls — de mousseline — autre — brochée — en argent ou or faux ou en soie — de 5 1/2 à 6 1/2 *idem*	*Idem*	9,000.
	Schalls — de mousseline — autre — brochée — en argent ou or faux ou en soie — de plus de 6 1/2 *idem*	*Idem*	12,000.
	Schalls — de mousseline — autre — brochée — en coton. (*Comme unie.*)		
	Schalls — de mousseline — autre — unie, tissue à jour — de 4 1/2 à 5 1/2 palmes	*Idem*	4,000.
	Schalls — de mousseline — autre — unie, tissue à jour — de 5 1/2 à 6 1/2 *idem*	*Idem*	6,000.
	Schalls — de mousseline — autre — unie, tissue à jour — de plus de 6 1/2 *idem*	*Idem*	8,000.
	Schalls — de peluche — de 4 1/2 à 5 1/2 palmes	La pièce	1,200.
	Schalls — de peluche — de 5 1/2 à 6 1/2 *idem*	*Idem*	1,600.
	Schalls — de peluche — de plus de 6 1/2 *idem*	*Idem*	2,000.
	Schalls — de percale ou de calicot. (*Comme de mousseline.*)		
	Schalls — de tulle	La douzaine	4,800.
	Schalls — autres, mélangés de laine avec bordure façon Cachemire — de 4 1/2 à 5 1/2 palmes	La pièce	4,800.
	Schalls — autres, mélangés de laine avec bordure façon Cachemire — de 5 1/2 à 6 1/2 *idem*	*Idem*	6,000.
	Schalls — autres, mélangés de laine avec bordure façon Cachemire — de plus de 6 1/2 *idem*	*Idem*	8,000.
	Note. Pour les schalls à 3 pointes, les évaluations ci-dessus seront diminuées du tiers.		
	Serviettes — communes	La douzaine	1,200.
	Serviettes — fines	*Idem*	1,800.
	Tricot	Le covado	600.
	Tulle — façon de soie — brodé	*Idem*	500.
	Tulle — façon de soie — uni	*Idem*	400.
	Tulle — gommé pour fonds de chapeaux de femmes	*Idem*	400.
	Tulle — autre de toute largeur — brodé ou façonné	La vare	200.
	Tulle — autre de toute largeur — uni	*Idem*	160.

MARCHANDISES.					UNITÉS.	ÉVALUATIONS.
						Reis.
Tissus de coton. (*Suite.*)	Velours	*Belbutes*	étroits		Le covado	240.
			larges		*Idem*	320.
		Belbutinas de toute couleur	étroits		*Idem*	310.
			larges		*Idem*	400.
	Voiles	de gaze brodée ou appliquée	jusqu'à 3 palmes		La pièce	800.
			de 3 à 5 *idem*		*Idem*	1,400.
			de 5 à 8 *idem*		*Idem*	1,800.
		de mousseline brodée	jusqu'à 3 *idem*		*Idem*	800.
			de 3 à 5 *idem*		*Idem*	1,600.
			de 5 à 8 *idem*		*Idem*	2,400.
		de tulle brodé	jusqu'à 3 *idem*		*Idem*	600.
			de 3 à 5 *idem*		*Idem*	1,000.
			de 5 à 8 *idem*		*Idem*	1,600.
	Zuartes	communes			Le covado	100.
		fines			*Idem*	150.
	autres	en bandes, unies			La bande	240.
		à voiles, jusqu'à 3 palmes			La vare	340.
Tissus de laine.	Alépine	étroite			Le covado	300.
		large			*Idem*	600.
	Bayette. (V. *Flanelle-Bayeta.*)					
	Bouracan	*Durante* en pièces de 40 covados,	cramoisi, écarlate, rose	façonné	La pièce	12,000.
				uni	*Idem*	8,000.
			d'autres couleurs	façonné	*Idem*	10,000.
				uni	*Idem*	7,000.
		Duraque en pièces de 40 covados			*Idem*	12,000.
	Burat	anglais ou façon anglaise			Le covado	180.
		français ou façon française			*Idem*	500.
	Bure				*Idem*	160.
	Cachemire en pièces				*Idem*	6,000.
	Calmande				*Idem*	200.
	Camelot	jusqu'à 1 1/2 palme de large			*Idem*	160.
		de 1 1/2 à 3 *idem*			*Idem*	200.
	Casimirs	communs			*Idem*	500.
		mi-fins			*Idem*	900.
		fins			*Idem*	1,200.
	Couvertures	*Cobertores*	de *felpa*	jusqu'à 9 palmes	La pièce	2,000.
				de plus de 9 *idem*	*Idem*	4,000.
			autres	jusqu'à 8 *idem*	*Idem*	1,000.
				de 8 à 10 *idem*	*Idem*	1,500.
				de plus de 10 *idem*	*Idem*	1,800.
		Mantas blanches ou de couleur			*Idem*	1,000.
	Crêpe	étroit, jusqu'à 2 palmes			Le covado	160.
		large, de plus de 2 *idem*			*Idem*	300.
	Damas				*Idem*	400.
	Draps	très-communs			*Idem*	450.
		communs			*Idem*	900.
		fins			*Idem*	2,400.
		mi-fins			*Idem*	1,600.
		superfins			*Idem*	4,000.
		Nota. Les mêmes qualités écarlates seront évaluées 25 p. 0/0 en sus des évaluations ci-dessus.				

Tissus de laine. (*Suite.*)

MARCHANDISES.	UNITÉS.	ÉVALUATIONS.
		Reis.
Droguet — de France	Le covado	400.
Droguet — de roi	*Idem*	240.
Escosses mélangés — de coton	*Idem*	300.
Escosses mélangés — de soie	*Idem*	400.
Estofo — étroit avec bande de soie, jusqu'à 2 1/2 palmes	*Idem*	360.
Estofo — autre	*Idem*	200.
Étamine — jusqu'à 3 palmes	La vare	400.
Étamine — de plus de 3 *idem*	*Idem*	500.
Filele	Le covado	100.
Flanelle — *Bayeta* — de couleur — écarlate	*Idem*	500.
Flanelle — *Bayeta* — de couleur — autre	*Idem*	380.
Flanelle — *Bayeta* — *de lustre* — écarlate	*Idem*	550.
Flanelle — *Bayeta* — *de lustre* — autre	*Idem*	450.
Flanelle — *Bayeta* — *de pello*	*Idem*	600.
Flanelle — *Bayeta* — *com xestres*	*Idem*	550.
Flanelle — *Bayetilha* ou *Franela* — *de salpicos* — jusqu'à 4 palmes de large	*Idem*	320.
Flanelle — *Bayetilha* ou *Franela* — *de salpicos* — de plus de 4 *idem*	*Idem*	640.
Flanelle — *Bayetilha* ou *Franela* — autres — jusqu'à 4 *idem*	*Idem*	240.
Flanelle — *Bayetilha* ou *Franela* — autres — de plus de 4 *idem*	*Idem*	600.
Molleton de couleur — écarlate	*Idem*	900.
Molleton de couleur — autre	*Idem*	600.
Mouchoirs — brodés, façonnés, ou tissus de couleur — à 3 pointes — jusqu'à 25 pouces	La douzaine	14,400.
Mouchoirs — brodés, façonnés, ou tissus de couleur — à 3 pointes — de 25 à 35 *idem*	*Idem*	20,000.
Mouchoirs — brodés, façonnés, ou tissus de couleur — autres — jusqu'à 25 *idem*	*Idem*	18,000.
Mouchoirs — brodés, façonnés, ou tissus de couleur — autres — de 25 à 35 *idem*	*Idem*	24,000.
Mouchoirs — peints — à 3 pointes — jusqu'à 25 pouces	*Idem*	8,000.
Mouchoirs — peints — à 3 pointes — de 25 à 35 *idem*	*Idem*	12,000.
Mouchoirs — peints — autres — jusqu'à 25 *idem*	*Idem*	10,000.
Mouchoirs — peints — autres — de 25 à 35 *idem*	*Idem*	14,000.
Mouchoirs — de tricot de France ou façon de France — à 3 pointes — jusqu'à 25 pouces	*Idem*	4,800.
Mouchoirs — de tricot de France ou façon de France — à 3 pointes — de 25 à 35 *idem*	*Idem*	8,000.
Mouchoirs — de tricot de France ou façon de France — autres — jusqu'à 25 *idem*	*Idem*	7,200.
Mouchoirs — de tricot de France ou façon de France — autres — de 25 à 35 *idem*	*Idem*	12,000.
Mouchoirs — autres de fantaisie, dits *Delicia* ou *Melanha*, en pièces de 40 covados	La pièce	12,000.
Peluche	Le covado	400.
Saragosse. *Nota.* Cet article est évalué suivant la qualité, comme les draps.		
Satin turc — jusqu'à 3 palmes	*Idem*	400.
Satin turc — de 3 à 4 *idem*	*Idem*	500.
Satin turc — de 4 à 5 *idem*	*Idem*	600.
Schalls — de Cachemire, de l'Inde, de toute grandeur — communs	La pièce	40,000.
Schalls — de Cachemire, de l'Inde, de toute grandeur — très-fins	*Idem*	80,000.
Schalls — de casimir — communs, unis ou peints, avec ou sans frange	*Idem*	2,400.
Schalls — de casimir — fins, brodés en laine ou soie	*Idem*	6,400.
Schalls — de crêpe ou Barrège	*Idem*	2,400.
Schalls — autres — blancs ou de couleur. (V. *Tissus de coton. — Schalls de mousseline autre que de l'Inde, unie, tissue, à jour.*)		
Schalls — autres — autres — communs, brodés, imprimés	*Idem*	1,000.
Schalls — autres — autres — fins avec bordure de Cachemire. (V. *Tissus de coton. — Schalls avec bordure de Cachemire.*)		

MARCHANDISES.	UNITÉS.	ÉVALUATIONS.
		Reis.
Tissus de laine (*Suite.*)		
Sérafines en pièce de 33 *covados* — façonnée, imprimée, jusqu'à 4 palmes de large	La pièce	12,000.
Sérafines en pièce de 33 *covados* — autre	*Idem*	7,000.
Serge — *Saieta* — écarlate, gros rouge, rose	*Idem*	10,800.
Serge — *Saieta* — autre	*Idem*	9,000.
Serge — *Sarja* — jusqu'à 2 1/2 palmes	Le covado	300.
Serge — *Sarja* — de 2 1/2 à 4 1/2 *idem*	*Idem*	400.
Serge — *Sarja* — de plus de 4 1/2 *idem*	*Idem*	600.
Serguille de France ou façon de France	*Idem*	320.
Tapis — *Alcatifas* — pour descente de lit ou canapé, avec ou sans franges, de 10 palmes de long — de 4 palmes de large	*Idem*	2,400.
Tapis — *Alcatifas* — pour descente de lit ou canapé, avec ou sans franges, de 10 palmes de long — de plus de 4 *idem*	*Idem*	4,800.
Tapis — *Alcatifas* — autres — communs, de 5 palmes de large	*Idem*	540.
Tapis — *Alcatifas* — autres — fins doublés ou croisés, jusqu'à 4 palmes de large	*Idem*	1,200.
Tapis — *Papagaio*	*Idem*	540.
Tricot	*Idem*	800.
autres en bordures pour garnitures — de 2 doigts de large	La vare	300.
autres en bordures pour garnitures — de 3 *idem*	*Idem*	400.
autres en bordures pour garnitures — de 4 *idem*	*Idem*	500.
autres en bordures pour garnitures — de plus de 4 *idem*	*Idem*	800.
Tissus de lin et de chanvre		
Batiste — brodée — en bandes pour jabots (Serviettes de). (V. ci-après *Serviettes.*)	La pièce	1,600.
Batiste — brodée — autre en pièces de 6 vares	*Idem*	4,000.
Batiste — unie — en bandes pour jabots	*Idem*	1,000.
Batiste — unie — autre en pièces de 6 vares	*Idem*	9,600.
Bretagnes — françaises — étroites de 6 vares	*Idem*	2,100.
Bretagnes — françaises — larges	*Idem*	3,000.
Bretagnes — autres — étroites	*Idem*	1,600.
Bretagnes — autres — larges	*Idem*	2,100.
Couvertures — *Cobertores de salpicos* piquées ou damassées — jusqu'à 9 palmes	*Idem*	9,000.
Couvertures — *Cobertores de salpicos* piquées ou damassées — de plus de 9 *idem*	*Idem*	12,000.
Couvertures — *Colchas* mélangées de soie — jusqu'à 9 *idem*	*Idem*	12,000.
Couvertures — *Colchas* mélangées de soie — de plus de 9 *idem*	*Idem*	16,000.
Dentelles. (V. *Dentelles. — Renda.*)		
Esguioes	La vare	800.
Folha huilée pour peintres	Le coupon	600.
Hollanda — de France ou façon de France, fine — blanche	*Idem*	800.
Hollanda — de France ou façon de France, fine — écrue	*Idem*	500.
Hollanda — autre — écrue	Le covado	100.
Hollanda — autre — de couleur	*Idem*	150.
Hollandilla — de 3 palmes	*Idem*	100.
Hollandilla — de 4 *idem*	*Idem*	160.
Irlandes — communes	La vare	400.
Irlandes — fines	*Idem*	700.
Linons en pièces de 6 vares	La pièce	2,400.
Mouchoirs — *Fronhas* de Bretagne avec bordures de mousseline	*Idem*	1,200.
Mouchoirs — *Lenços* — de batiste — brodée	La douzaine	24,000.
Mouchoirs — *Lenços* — de batiste — autre	*Idem*	12,000.
Mouchoirs — *Lenços* — autres communs	*Idem*	4,800.

MARCHANDISES.					UNITÉS.	ÉVALUATIONS.
						Reis.
...ssus de lin ...e chanvre. (*Suite.*)	Nappes	de *Guimarraes* ou façon *Guimarraes*		jusqu'à 12 palmes	La pièce	1,600.
				de 12 à 20 *idem*	*Idem*	2,400.
		autres damassées	communes	jusqu'à 10 *idem*	*Idem*	2,500.
				de 10 à 15 *idem*	*Idem*	4,000.
				de 15 à 20 *idem*	*Idem*	6,000.
				de 20 à 25 *idem*	*Idem*	8,000.
			fines	jusqu'à 10 *idem*	*Idem*	4,000.
				de 10 à 15 *idem*	*Idem*	8,000.
				de 15 à 20 *idem*	*Idem*	12,000.
				de 20 à 25 *idem*	*Idem*	16,000.
				de 25 à 30 *idem*	*Idem*	24,000.
				de plus de 30 *idem*	*Idem*	40,000.
	Panos	à doubler les malles		communs	*Idem*	800.
				fins	*Idem*	1,200.
		clairs			La vare	180.
		croisés		jusqu'à 25 pouces	*Idem*	400.
				de 25 à 30 *idem*	*Idem*	500.
				de 30 à 36 *idem*	*Idem*	600.
				de 36 à 40 *idem*	*Idem*	800.
		autres	communs	jusqu'à 25 pouces	*Idem*	180.
				de 25 à 29 *idem*	*Idem*	300.
				de 29 à 33 *idem*	*Idem*	400.
				de 33 à 40 *idem*	*Idem*	500.
				de 40 à 60 *idem*	*Idem*	600.
				de plus de 60 *idem*	*Idem*	800.
			fins	jusqu'à 3 palmes	*Idem*	500.
				de 3 à 6 *idem*	*Idem*	1,000.
				de 6 à 9 *idem*	*Idem*	1,400.
				de 9 à 12 *idem*	*Idem*	2,000.
	Peluche				Le covado	400.
	Rouens ou platilles			communs	La vare	200.
				fins	*Idem*	300.
	Serpillières et toiles d'emballage	*Aniagem*		commun	*Idem*	150.
				fin	*Idem*	240.
		Calamanha			Le covado	200.
		Canhamaço			La vare	120.
		Estopa			*Idem*	100.
	Serviettes	de batiste brodée			La pièce	16,000.
		autres	communes		La douzaine	1,800.
			fines	damassées	*Idem*	4,800.
				autres	*Idem*	2,400.
	autres	cirés	Devants de porte		La pièce	12,800.
			Tapis	de pied, d'un palme carré	La palme	100.
				de table, jusqu'à 4 palmes de large	Le covado	720.
				de table, autres de 4 à 6 palmes	*Idem*	400.
		rayés	à matelas	jusqu'à 4 palmes	La vare	350
				de 4 à 6 *idem*	*Idem*	500.
				de plus de 6 *idem*	*Idem*	800.
			autres	jusqu'à 3 1/2 *idem*	Le covado	150.
				de 3 1/2 à 6 *idem*	*Idem*	220.

MARCHANDISES.					UNITÉS.	ÉVALUATIONS.
						Reis.
Tissus de lin et de chanvre (*Suite*)...	autres (*Suite*). | à voiles.....	*Brim* de toute qualité	croisé de toute largeur.............		La vare......	500.
			autre.......	jusqu'à 26 pouces....	*Idem*.........	220.
				de 26 à 34 *idem*.....	*Idem*.........	350.
		Lona.......	d'Angleterre.	étroits............	La pièce......	9,000.
				larges............	*Idem*.........	12,000.
			de l'Inde.........................		*Idem*.........	6,500.
			de Russie et façon Russie...........		*Idem*.........	14,000.
Tissus de poils	*Bayeta*..				Le covado....	600.
	Droguete de castor..............................				*Idem*.........	300.
	Picote de poil de chèvre jusqu'à 4 1/2 palmes........				*Idem*.........	240.
Tissus de soie.	*Bofetazes*.......................................				La vare......	240.
	Bombasette damassée ou ouvrée...................				Le covado....	400.
	Bombasine..				*Idem*.........	200.
	Brocard..				*Idem*.........	3,600.
	Couvertures..	de damas..................................			La pièce......	30,000.
		de satin brodé	en argent ou or avec *matis*..........		*Idem*.........	80,000.
			en *matis*............................		*Idem*.........	50,000.
	Crêpe......	*Escomilha*....	d'argent ou d'or faux, broché ou uni, jusqu'à 20 pouces de large..........		Le covado....	1,800.
			autre.............................		*Idem*.........	300.
		Touquim..................................			*Idem*.........	640.
	Damas......	de Castille, de l'Inde, de Portugal, ou façon de Castille, de l'Inde....			*Idem*.........	1,000.
		d'Italie....................................			*Idem*.........	1,600.
		autre, brodé.	en or................................		*Idem*.........	6,400.
			en soie..............................		*Idem*.........	2,400.
	Dentelles. (V. *Dentelles-Renda.*)					
	Estofo.....	brodé en argent ou or......................			*Idem*.........	1,600.
		autre......................................			*Idem*.........	800.
	Fineza...				*Idem*.........	400.
	Gala...				*Idem*.........	440.
	Gaze.......	*Garça*.......	brodée en argent ou or.............		*Idem*.........	800.
			unie, ouvrée, damassée.....	jusqu'à 4 palmes.....	*Idem*.........	550.
				de 4 à 5 *idem*........	*Idem*.........	700.
		Nota. Au-dessous de 5 palmes l'évaluation est proportionnelle.				
		Volante......	jusqu'à 2 1/2 palmes..................		*Idem*.........	160.
			de 2 1/2 à 4 *idem*....................		*Idem*.........	240.
	Gourgouran..	broché d'argent ou d'or......................			*Idem*.........	1,200.
		autre.......	de 2 1/2 palmes de large............		*Idem*.........	600.
			de plus de 2 1/2 *idem*.............		*Idem*.........	900.
	Lapim mélangé de coton et de laine.........	ouvré.......	jusqu'à 3 palmes.....		*Idem*.........	480.
			de 3 à 4 1/2 *idem*.....		*Idem*.........	640.
			de plus de 4 1/2 *idem*..		*Idem*.........	960.
		autre.......	jusqu'à 3 *idem*.......		*Idem*.........	400.
			de 3 à 4 1/2 *idem*. ...		*Idem*.........	560.
			de plus de 4 1/2 *idem*..		*Idem*.........	800.
	Lim..				*Idem*.........	240.
	Lô........	brodé en argent ou or....................	faux..............		*Idem*.........	600.
			fin...............		*Idem*.........	4,000.
		autre......................................			*Idem*.........	200.

MARCHANDISES.	UNITÉS.	ÉVALUATIONS.
		Reis.
Tissus de soie (*Suite*). — Lustrine — jusqu'à 2 1/2 palmes de large	Covado	320.
Lustrine — de plus de 2 1/2 *idem*	*Idem*	400.
Moire	*Idem*	400.
Mouchoirs — purs — de crêpe — *Toaquim* — brodés — en argent ou or	La pièce	3,200.
Mouchoirs — purs — de crêpe — *Toaquim* — brodés — en couleur	*Idem*	2,400.
Mouchoirs — purs — de crêpe — *Toaquim* — damassés ou unis	*Idem*	2,000.
Mouchoirs — purs — de crêpe — autre	La douzaine	7,200.
Mouchoirs — purs — de gaze	*Idem*	7,200.
Mouchoirs — purs — de peluche — à 3 pointes	La pièce	800,
Mouchoirs — purs — de peluche — carrés	*Idem*	1,200.
Mouchoirs — purs — de satin façonné	La douzaine	9,000.
Mouchoirs — purs — de serge *idem*	*Idem*	9,000.
Mouchoirs — purs — de tulle — à 3 pointes — brodés en argent ou or	La pièce	2,000.
Mouchoirs — purs — de tulle — à 3 pointes — autres — carrés	*Idem*	3,000.
Mouchoirs — purs — de tulle — à 3 pointes — autres — autres — jusqu'à 25 pouc.	La douzaine	6,000.
Mouchoirs — purs — de tulle — à 3 pointes — autres — autres — de 25 à 35 *idem*.	*Idem*	12,000.
Mouchoirs — purs — de tulle — autres — jusqu'à 25 pouces	*Idem*	12,000.
Mouchoirs — purs — de tulle — autres — de 25 à 35 *idem*	*Idem*	20,000.
Mouchoirs — purs — de velours (*Velludilho*) imprimé	La pièce	1,200.
Mouchoirs — purs — autres — de Bengale dits *Cassibazas*, de 7 à la pièce	*Idem*	4,200.
Mouchoirs — purs — autres — autres noirs, ou de couleur, façonnés ou non	La douzaine	6,000.
Mouchoirs — mélangés de coton	*Idem*	6,000.
Nankin	Le covado	250.
Nobreza — jusqu'à 3 palmes de large	*Idem*	480.
Nobreza — de 3 à 4 *idem*	*Idem*	600.
Nobreza — de 4 à 5 *idem*	*Idem*	800.
Pékin — façonné ou imprimé	*Idem*	800.
Pékin — uni jusqu'à 4 palmes	*Idem*	600.
Peluche	*Idem*	640.
Sarcinetas de l'Inde	*Idem*	400.
Satin — de nankin jusqu'à 40 pouces	*Idem*	1,400.
Satin — autre — brodé en argent ou en or — jusqu'à 20 pouces	*Idem*	1,800.
Satin — autre — brodé en argent ou en or — de plus de 20 *idem*	*Idem*	2,400,
Satin — autre — autre — fort — de 20 pouces	*Idem*	800.
Satin — autre — autre — fort — de 20 à 30 *idem*	*Idem*	900.
Satin — autre — autre — simples, façonnés ou unis, jusqu'à 20 p.	*Idem*	600.
Schalls — de crêpe — *Escomilha* (ou façon d') — brodés — de 4 1/2 à 5 palmes	La pièce	4,800.
Schalls — de crêpe — *Escomilha* (ou façon d') — brodés — de plus de 5 *idem*	*Idem*	6,400.
Schalls — de crêpe — *Escomilha* (ou façon d') — unis ou imprimés — de 4 1/2 à 5 *idem*	*Idem*	2,400.
Schalls — de crêpe — *Escomilha* (ou façon d') — unis ou imprimés — de plus de 5 *idem*	*Idem*	3,200.
Schalls — de crêpe — *Touquim* — brodés — en argent ou or	*Idem*	16,000.
Schalls — de crêpe — *Touquim* — brodés — en fil ou soie	*Idem*	10,000.
Schalls — de crêpe — *Touquim* — damassés ou unis	*Idem*	5,000.
Schalls — de peluche — de 4 1/2 à 5 1/2 palmes inclusivement	*Idem*	4,000.
Schalls — de peluche — de 5 1/2 à 6 1/2 *idem*	*Idem*	6,000.
Schalls — de peluche — de plus de 6 1/2 *idem*	*Idem*	8,000.
Schalls — de tulle à points de dentelle garnis de dentelle, unis ou peints — de 4 1/2 à 5 1/2 palmes inclusivement	*Idem*	4,000.
Schalls — de tulle à points de dentelle garnis de dentelle, unis ou peints — de 5 1/2 à 6 1/2 *idem*	*Idem*	5,000.
Schalls — de tulle à points de dentelle garnis de dentelle, unis ou peints — de plus de 6 1/2 *idem*	*Idem*	6,000.

MARCHANDISES.					UNITÉS.	ÉVALUATIONS.
						Reis.
Tissus de soie (*Suite*).	Schalls (*Suite.*)	autres brodés, façonnés ou unis	de 4 1/2 à 5 1/2 palmes		La pièce	3,000.
			de 5 1/2 à 6 1/2 *idem*		*Idem*	4,000.
			de plus de 6 1/2 *idem*		*Idem*	5,000.
		Nota. Même observation que pour les schalls de coton.				
	Serge	*Sarja*	double de 20 pouces de large		Le covado	900.
			simple	brodée en argent ou or	*Idem*	1,800.
				façonnée et unie, jusqu'à 20 pouces de large.	*Idem*	600.
				de 20 à 30 pouces *idem*	*Idem*	700.
				de 30 à 35 *idem*	*Idem*	900.
		Seda sarjada	jusqu'à 20 pouces		*Idem*	600.
			de 20 à 30 *idem*		*Idem*	700.
	Taffetas	rayé ou écossais, de 25 pouces de large			*Idem*	500.
		autre	jusqu'à 2 palmes		*Idem*	240.
			de 2 à 2 1/2 *idem*		*Idem*	360.
			de 2 1/2 à 3 *idem*		*Idem*	400.
	Tapis				*Idem*	540.
	Tricot				*Idem*	3,600.
	Tulle de toute largeur	appliqué ouvré			*Idem*	1,000.
		brodé	en paille		*Idem*	1,600.
			en paillettes d'argent et d'or		*Idem*	2,400.
			autre		*Idem*	2,400.
		uni			*Idem*	500.
	Velours	*Velludo*			*Idem*	2,400.
		Velludilho			*Idem*	1,500.
	Voiles brodés	jusqu'à 3 palmes			La pièce	1,600.
		de 3 à 5 *idem*			*Idem*	3,600.
		de 5 à 8 *idem*			*Idem*	5,600.
	autres	pour tamis			Le covado	120.
		autres	ouvrés	jusqu'à 20 pouces	*Idem*	500.
				de 20 à 25 *idem*	*Idem*	600.
				de 25 à 30 *idem*	*Idem*	700.
			satinés	jusqu'à 20 *idem*	*Idem*	600.
				de 20 à 30 *idem*	*Idem*	700.
Toilettes de bois	faisant commodes avec tiroirs, avec ou sans garnitures de métal	de 40 pouces			La pièce	80,000.
		de 40 à 48 *idem*			*Idem*	100,000.
	pour dessus de table,	à tiroirs	avec miroirs	jusqu'à 8 pouces	*Idem*	2,400.
				de 8 à 11 *idem*	*Idem*	3,200.
				de 11 à 14 *idem*	*Idem*	6,400.
				de 14 à 17 *idem*	*Idem*	11,000.
				de 17 à 20 *idem*	*Idem*	14,400.
				de 20 à 23 *idem*	*Idem*	19,000.
				de 23 à 26 *idem*	*Idem*	24,000.
			sans tiroirs	jusqu'à 8 pouces	*Idem*	1,600.
				de 8 à 11 *idem*	*Idem*	2,000.
				de 12 à 14 *idem*	*Idem*	3,500.
				de 14 à 15 *idem*	*Idem*	5,600.
				de 17 à 20 *idem*	*Idem*	7,500.
				de 20 à 25 *idem*	*Idem*	9,600.
				de 23 à 26 *idem*	*Idem*	12,000.
		autres à pied, avec miroirs		jusqu'à 8 pouces	*Idem*	1,200.
				de 8 à 11 *idem*	*Idem*	1,800.
				de 11 à 14 *idem*	*Idem*	2,700.
				de 14 à 17 *idem*	*Idem*	4,600.

MARCHANDISES.	UNITÉS.	ÉVALUATIONS.
		Reis.
Toilettes (*Suite.*), de bois (*Suite.*), pour dessus de table (*Suite.*), autres à pied, sans miroirs, jusqu'à 8 pouces	La pièce	800.
de 8 à 11 *idem*	*Idem*	1,100.
de 11 à 14 *idem*	*Idem*	1,600.
de 14 à 17 *idem*	*Idem*	2,500.
autres avec table, jusqu'à 20 pouces	*Idem*	25,000.
de 20 à 28 *idem*	*Idem*	40,000.
de 28 à 36 *idem*	*Idem*	50,000.
de tôle vernie, faisant commodes, avec tiroirs	*Idem*	128,000.
autres, grandes	*Idem*	32,000.
autres, petites	*Idem*	16,000.
Tonneaux, *Baricas-abatidas*	*Idem*	400.
Pipas, vides	*Idem*	3,200.
Pipas, *abatidas* en douves	*Idem*	2,000.
Toneis en douves	*Idem*	12,800.
Toques pour femmes. (V. *Bonnets-Toucados.*)		
Torches	100 en nombre.	6,400.
Tortue (Écaille de)	La livre	5,000.
Touquim. (V. *Crêpe.*)		
Tourne-broches en fer	La pièce	8,000.
Tramails	*Idem*	4,000.
Trépan (*Arvore* de) pour chirurgie	*Idem*	8,000.
Tresses (*Bandos*), de cheveux	*Idem*	3,200.
de perles en verre	*Idem*	2,000.
Tréteaux de tonnelier	*Idem*	480.
Tricot. (V. *Tissus suivant l'espèce.*)		
Trifolio febrino	La livre	320.
Trigonelle. (V. *Fenu-grec.*)		
Trincal, raffiné	*Idem*	400.
autre	*Idem*	320.
Tripes	L'arrobe	1,600.
Tripoli	La livre	160.
Trocars	La pièce	1,200.
Trochisques, de céruse	La livre	640.
de coloquinte	*Idem*	9,600.
de *curvo* ou *Castelinhos roxos*	*Idem*	5,000.
de *fioravanti*	*Idem*	9,600.
de *minium*	*Idem*	6,400.
Trombones	La pièce	20,000.
Trousses de chirurgie. (V. *Étuis à instrumens de chirurgie.*)		
Tuiles, d'argile	1,000 en nomb.	20,000.
de verre	La pièce	320.
Tulle. (V. *Tissus suivant l'espèce.*)		
Turbith, gommeux	La livre	800.
autre	*Idem*	1,200.
Tussilage	*Idem*	200.
Tutie. (V. *Oxyde de zinc gris cendré.*)		
Urnes, de cuivre	La pièce	24,000.
de plaqué, grandes	*Idem*	50,000.
de plaqué, petites	*Idem*	24,000.
de tôle vernie avec ornemens en plaqué	*Idem*	19,200.
Valériane	La livre	320.
Valets de fer pour menuisier	La pièce	1,600.
Valises de cuir, de cheval	*Idem*	4,000.
autres plus grandes	*Idem*	10,000.

MARCHANDISES.				UNITÉS.	ÉVALUATIONS.
					Reis.
Varlopes (Fers de)				La douzaine...	600.
Vases	*Alguidares* d'argile vitreux	grands		La pièce	320.
		petits		*Idem*	100.
	Boioens petits avec des conserves			*Idem*	600.
	Boyoes vitreux	petits jusqu'à 1 palme		*Idem*	50.
		plus grands		*Idem*	160.
	Jarras à fleurs pour dessus de table, en fer-blanc, vernis			La paire	2,000.
	Paroleiras avec olives			La pièce	400.
	Refrescadores	de Macao vernis		*Idem*	1,500.
		autres	d'argile	La paire	3,000.
			de fer-blanc	La pièce	800.
			de plaqué	*Idem*	15,000.
	Vasos à fleurs, de fer-blanc peint ou de tôle vernie.	grands		*Idem*	2,000.
		petits		*Idem*	1,600.
Veilleuses	de fer-blanc avec ou sans mèches	jusqu'à 8 pouces		*Idem*	320.
		de plus de 8 pouces		*Idem*	640.
	Boites de mèches de)	pour six mois		La douzaine...	1,200.
		pour un an		*Idem*	1,900.
	Supports de mèches en fer-blanc avec verre			La pièce	1,000.
Velours. (V. *Tissus.*)					
Ventouses en verre				La douzaine...	360.
Verdet	cristallisé			La livre	960.
	autre			*Idem*	400.
Verdugo de chirurgie				La pièce	600.
Verge d'or				La livre	400.
Vermicelle				L'arrobe	2,400.
Vermillon	fin			La livre	1,200.
	autre de cordonnier			*Idem*	50.
Vernis	de la Chine			La livre	500.
	d'huile grasse			*Idem*	1,000.
	de pourpier de mer			*Idem*	320.
Véronique	*Beccabunga* (*Vacabunda*)			*Idem*	200.
	autre			*Idem*	200.
Verre	Berceaux non transparens de 1/2 palme			La pièce	320.
	Bouteilles de verre noir de 1/4 de mesure			100 en nombre.	5,000.
	Carreaux de vitres			La pièce	320.
	Cruches de	avec couvercles		*Idem*	400.
		autres		*Idem*	240.
	Dames-jeannes empaillées			*Idem*	500.
	Flacons de)	verre noir	de 1 mesure	La douzaine...	2,400.
			de 3/4	*Idem*	1,800.
			de 1/2	*Idem*	1,200.
			de 1/4	*Idem*	600.
			de 1/8	*Idem*	300.
		autres à odeurs, petits		*Idem*	720.
	Miroirs. (V. *Miroirs.*)				
	Miroirs pour lanternes			*Idem*	3,000.
Verres	de corne. (V. *Corne.*)				
	autres gradués	grands		La pièce	2,880.
		petits		*Idem*	1,440.

MARCHANDISES.				UNITÉS.	ÉVALUATIONS.
					Reis.
Verres ardens pour optique				La pièce	80.
Verroteries	dites *Avelorios*			Le paquet	100.
	ouvrées	Bandeaux		La pièce	800.
		(Bourses de). (V. *ce mot.*)			
		(Colliers de)	*de vidrilhos*	La pièce	800.
			de vidro	*Idem*	300.
		Grains de verre gros, en paquets de 40 fils, contenant 100 grains par fil		Le paquet	2,400.
		Rubans de montre		La pièce	800
		(Tresses de)		*Idem*	2,000.
Verroux	*Aldrabas*	de boîtes à bijoux en cuivre étamé, avec accessoires		*Idem*	20.
		à crochet		La douzaine	1,200.
		de fenêtres et de guichet		*Idem*	600.
	Aldabroes de voitures			La paire	1,700.
Vert	de montagne			La livre	240.
	pâle			*Idem*	600.
Vestes	de coton	de basin et autres tissus fins		La pièce	2,000.
		de coutil et autres tissus communs		*Idem*	950.
	de cuir de toute qualité			*Idem*	4,000.
	de laine	de bayette		*Idem*	1,200.
		de drap	commun	*Idem*	1,600.
			fin	*Idem*	4,000.
		de flanelle		*Idem*	1,600.
	de lin et de chanvre. (*Comme de coton.*)				
	de soie	*Jaquetes*		La pièce	4,000.
		Vestes. (V. *Gilets.*)			
Viande	marinée ou salée	de bœuf		L'arrobe	1,200.
		de porc		*Idem*	1,600.
	sèche			*Idem*	600.
Villebrequins	*ate caibrar*			La douzaine	400.
	plus grands			*Idem*	1,600.
	Archets de) (V. *ce mot.*)				
	Mèches de)			La douzaine	800.
Vinaigre	distillé			La livre	400.
	scillitique			*Idem*	800.
	autre en pipes de 180 mesures			La pipe	30,000.
Vins	en pipes de 180 mesures, blancs et rouge	de Portugal	des Açores	*Idem*	50,000.
			de Lisbonne, *Figueira*, *Aveiro*	*Idem*	60,000.
			de Madère, Porto, *Feitoria*	*Idem*	100,000.
			separado e ramo	*Idem*	75,000.
		autres		*Idem*	52,500.
	Nota. Les vins, autres que de Portugal, égaux en qualité aux vins de *Feitoria*, *Madère* ou autres, dits *separado*, seront évalués comme ces trois espèces de vins. La demi-pipe contient 90 mesures. Le *quarto* 45. Le *quinto* 36. Le *sexto* 30.				
	en bouteilles, contenant jusqu'à un *quartillo*, (y compris la bouteille.)	de Champagne		Les 12 bouteilles	10,000.
		de Constance		*Idem*	10,000.
		autres		*Idem*	4,800.

MARCHANDISES.	UNITÉS.	ÉVALUATIONS.
		Reis.
Violette (Feuilles et fleurs de). (V. *ces mots.*)		
Violoncelles.. grands	La pièce.	32,000.
petits	*Idem*	16,000.
Violons..... communs	*Idem*	2,400.
mi-fins	*Idem*	4,800.
fins	*Idem*	24,000.
Vipères sèches	La livre	2,400.
Vis .... de fer...... pour portes ou lits	La douzaine..	800.
autres à têtes. de laiton	*Idem*	1,200.
de plaqué	La grosse	5,000.
autres...... de sabres	La douzaine.	300.
autres de 2 pouces	La grosse	480.
Visières pour bonnets dits *barretinas*	La pièce	160.
Vitriol blanc	La livre	240.
Voiles (V. *Tissus suivant l'espèce.*)		
Voitures.... *Cadeiras* Chaises à porteurs, avec ou sans rideau	La pièce	64,000.
Carrinhos.... Brouettes à main pour transporter les marchandises	*Idem*	5,000.
autres à une roue	*Idem*	2,000.
Cabriolets... à 2 roues.... neufs	*Idem*	200,000.
vieux	*Idem*	120,000.
à 4 roues.... neufs	*Idem*	500,000.
vieux	*Idem*	300,000.
Chariots pour transporter les marchandises, à 4 roues	*Idem*	12,000.
autres pour enfans. en osier, à roues	*Idem*	4,800.
autres...... communs	*Idem*	16,000.
fins	*Idem*	50,000.
Carroça..... à 2 roues... à ressorts	*Idem*	100,000.
autres...... avec caissons	*Idem*	64,000.
sans caissons	*Idem*	32,000.
à 4 roues.. à ressorts	*Idem*	150,000.
autres, avec ou sans caissons	*Idem*	100,000.
Carruagens... Berlines et landaus sans harnais. neufs...... avec coussins	*Idem*	1,200,000.
sans *idem*	*Idem*	1,000,000.
vieux...... avec *idem*	*Idem*	800,000.
sans *idem*	*Idem*	640,000.
Coupés et landaus avec strapontins ...... neufs...... avec *idem*	*Idem*	900,000.
sans *idem*	*Idem*	750,000.
vieux...... avec *idem*	*Idem*	450,000.
sans *idem*	*Idem*	400,000.
Seges....... à 2 roues, avec harnais...... neufs	*Idem*	350,000.
vieux	*Idem*	250,000.
autres, pour enfans, en bois, carton et fer-blanc. grandes	*Idem*	800.
petites	*Idem*	400.
Sociarés.... neufs	*Idem*	500,000.
vieux	*Idem*	300,000.
Traquitanas. Chars-à-bancs à 4 roues...... neufs, avec rideaux de cuir	*Idem*	600,000.
vieux	*Idem*	450,000.

MARCHANDISES.				UNITÉS.	ÉVALUATIONS.
					[illegible]
Voitures (*Suite*).	(Caisses de)..	en bois		La pièce.	[illegible]
		(Ornemens de) en plaqué.	jusqu'à 2 pouces	La douzaine	[illegible]
			de plus de 2 pouces	*Idem*	[illegible]
	(Garnitures de) (*Frizos*)			Le palme	[illegible]
	(Trains de)..	à 2 roues		La pièce	[illegible]
		à 4 roues		*Idem*	[illegible]
Yeux	de crapauds			La livre	[illegible]
	d'écrevisses..	bruts		*Idem*	[illegible]
		préparés		*Idem*	[illegible]
Zédoaire				*Idem*	[illegible]
Zinc	en barres			*Idem*	[illegible]
	en feuilles et clous			*Idem*	[illegible]
	(Fleurs de)			L'once	[illegible]

N.° II.

Droits à percevoir sur les Marchandises exportées.

Les productions du Brésil, paient en général, à la sortie, un droit de 2 pour cent.

Ce droit se perçoit d'après des évaluations fixées chaque semaine par la douane.

IMPRIMERIE ROYALE. — 1829.

www.ingramcontent.com/pod-product-compliance
Ingram Content Group UK Ltd.
Pitfield, Milton Keynes, MK11 3LW, UK
UKHW031926260826
14628UKWH00003B/1452

9 782329 608983